W0061335

Das Leben und Werk von Bertolt Brecht (1898 bis 1956) ist wesentlich durch die Ereignisse seiner Zeit geprägt. Dennoch schuf er Werke, die weit über seine Zeit weiterwirken. Trotz mehrfach abgesprochener aktueller Effektivität fordern seine Stücke, Gedichte und Schriften immer wieder zu Meinungsstreit und direkter Betroffenheit heraus. Sein Bekenntnis zur materialistischen Dialektik hat ihn ins Zentrum einer Epochendiskussion dieses Jahrhunderts gerückt.

Dieses Taschenbuch stützt sich auf den großen Bildband des Suhrkamp Verlags »Bertolt Brecht, Sein Leben in Bildern und Texten«, Frankfurt/Main 1978, herausgegeben von Werner Hecht, gestaltet von Willy Fleckhaus. Bei der Auswahl der Bilder und Texte, die vom Herausgeber des Suhrkamp-Bandes beraten wurde, sind für das insel taschenbuch einige neuentdeckte Fotos einbezogen worden. Dem Buch ist der 1957 geschriebene Essay Lion Feuchtwangers über Bertolt Brecht beigefügt worden.

Das insel taschenbuch will seine Leser anregen, sich mit den verschiedenen Lebensabschnitten Brechts zu beschäftigen, und Impulse für ein näheres Studium seines Werkes auslösen. Angesichts der Literatur über Brecht, die sein Werk längst an Umfang überschritten hat, kann eine Rückbesinnung auf die authentischen Quellen des Dichters mit größerer Chance Aussicht auf Neuentdeckungen garantieren.

insel taschenbuch
Bertolt Brecht
Leben und Werk im Bild

Bertolt Brecht
Leben und Werk im Bild
Mit autobiographischen Texten,
einer Zeittafel und einem Essay
von Lion Feuchtwanger
Insel Verlag

insel taschenbuch 406
Erste Auflage 1979
© für die Zusammenstellung Insel Verlag Frankfurt am Main 1979. © für die
Texte von Bertolt Brecht Suhrkamp Verlag Frankfurt am Main 1979. © für
»Bertolt Brecht« von Lion Feuchtwanger Autoren Verlag, Berlin, DDR. Vertrieb
durch den Suhrkamp Taschenbuch Verlag. Typografie: Max Bartholl. Satz: Foto-
satz Weihrauch, Würzburg. Druck: Nomos Verlagsgesellschaft, Baden-Baden.
Printed in Germany

Inhalt

Prolog

Vom armen B. B.

1
Ich, Bertolt Brecht, bin aus den schwarzen Wäldern
Meine Mutter trug mich in die Städte hinein
Als ich in ihrem Leibe lag. Und die Kälte der Wälder
Wird in mir bis zu meinem Absterben sein.

2
In der Asphaltstadt bin ich daheim. Von allem Anfang
Versehen mit jedem Sterbsakrament:
Mit Zeitungen. Und Tabak. Und Branntwein.
Mißtrauisch und faul und zufrieden am End.

3
Ich bin zu den Leuten freundlich. Ich setze
Einen steifen Hut auf nach ihrem Brauch.
Ich sage: Es sind ganz besonders riechende Tiere
Und ich sage: Es macht nichts, ich bin es auch.

4
In meine leeren Schaukelstühle vormittags
Setze ich mir mitunter ein paar Frauen
Und ich betrachte sie sorglos und sage ihnen:
In mir habt ihr einen, auf den könnt ihr nicht bauen.

5
Gegen Abend versammle ich um mich Männer
Wir reden uns da mit »Gentlemen« an.
Sie haben ihre Füße auf meinen Tischen
Und sagen: Es wird besser mit uns. Und ich
        frage nicht: Wann?

6

Gegen Morgen in der grauen Frühe pissen die Tannen
Und ihr Ungeziefer, die Vögel, fängt an zu schrein.
Um die Stunde trink ich mein Glas in der Stadt aus
        und schmeiße
Den Tabakstummel weg und schlafe beunruhigt ein.

7

Wir sind gesessen, ein leichtes Geschlechte
In Häusern, die für unzerstörbare galten
(So haben wir gebaut die langen Gehäuse des
        Eilands Manhattan
Und die dünnen Antennen, die das Atlantische Meer
        unterhalten).

8

Von diesen Städten wird bleiben: der durch sie
        hindurchging, der Wind!
Fröhlich machet das Haus den Esser: er leert es.
Wir wissen, daß wir Vorläufige sind
Und nach uns wird kommen: nichts Nennenswertes.

9

Bei den Erdbeben, die kommen werden, werde ich
        hoffentlich
Meine Virginia nicht ausgehen lassen durch Bitterkeit
Ich, Bertolt Brecht, in die Asphaltstädte verschlagen
Aus den schwarzen Wäldern in meiner Mutter in
        früher Zeit.

(1922)

Bertolt Brecht
Wir verbringen unser Leben in einer gefährlichen Welt

Ich bin geboren in Augsburg (Deutschland), als Sohn eines Fabrikdirektors, und studierte Naturwissenschaften und Philosophie an den Universitäten von München und Berlin. Zwanzigjährig, als Sanitätssoldat im ersten Weltkrieg, schrieb ich eine Ballade, die das Hitlerregime fünfzehn Jahre später als Grund meiner Ausbürgerung angab. Das Gedicht bekriegte den Krieg und jene, die ihn zu verlängern wünschten.
Ich wurde Stückeschreiber. Deutschland schien eine Zeitlang auf dem Weg zur Demokratie. Es gab Freiheit der Rede und des künstlerischen Ausdrucks.
In der zweiten Hälfte der zwanziger Jahre jedoch gewannen die alten reaktionären militaristischen Kräfte wieder Boden. Ich war damals auf der Höhe meiner Laufbahn als Stückeschreiber, mein Stück »Die Dreigroschenoper« wurde über ganz Europa hin aufgeführt. Aber in Deutschland wurden schon Stimmen gehört, welche die Freiheit des künstlerischen Ausdrucks und der Rede beseitigt haben wollten. Humanistische, sozialistische, selbst christliche Ideen wurden »undeutsch« genannt, welches Wort ich ohne die wölfische Intonation Hitlers kaum noch denken kann. Zur gleichen Zeit wurden die kulturellen und politischen Institutionen des Volks wütend angegriffen.
Die Weimarer Republik hatte, bei all ihren Schwächen, einen kräftigen Wahlspruch, anerkannt von den besten Schriftstellern und Künstlern aller Art: »Die Kunst dem Volke«. Die deutschen Arbeiter, deren Interesse für Kunst und Literatur in der Tat groß war, bildeten einen besonders wichtigen Teil des allgemeinen Publikums, der Leser und der Theaterbesucher. Ihre Leiden in einer katastrophalen wirtschaftlichen Krise, die ihren kulturellen Standard mehr und mehr bedrohte, und die wachsende Macht des alten militaristischen feudalen, imperialistischen Abhubs alarmierten uns. Ich begann Gedichte, Lie-

der und Stücke zu schreiben, welche wiedergaben, was das Volk fühlte, und seine Feinde angriffen, die nun offen unter dem Hakenkreuz Adolf Hitlers marschierten.

Die Verfolgungen auf dem Gebiet der Kultur nahmen gradweise zu. Bekannte Maler, Verleger und Zeitschriftenherausgeber wurden gerichtlich verfolgt. An den Universitäten wurden politische Hexenverfolgungen inszeniert, gegen Filme wie »Im Westen nichts Neues« Kesseltreiben veranstaltet. Dies waren natürlich nur Vorbereitungen zu drastischeren Maßnahmen. Als Hitler die Macht ergriff, verbot man Malern das Malen, Schriftstellern das Schreiben, und die Nazipartei riß die Verlage und Filmstudios an sich. Aber selbst diese Anschläge auf das kulturelle Leben des deutschen Volkes waren nur ein Beginn. Sie wurden ersonnen und ausgeführt als geistige Vorbereitung des totalen Kriegs, welcher der totale Feind der Kultur ist. Der folgende Krieg machte mit all dem ein Ende. Das deutsche Volk lebt jetzt ohne ein Dach über dem Kopf, ohne zureichende Nahrung, ohne Seife, ohne die baren Grundlagen der Kultur.

Zu Beginn waren nur sehr wenige Leute imstande, die Verbindung zwischen den reaktionären Einschränkungen auf dem kulturellen Gebiet und dem endgültigen Anschlag auf das physische Leben des Volkes selbst zu sehen. Die Anstrengungen der demokratischen, antimilitaristischen Kräfte erwiesen sich als viel zu schwach.

Ich mußte Deutschland im Februar 1933, am Tag nach dem Reichstagsbrand, verlassen. Ein Exodus von Schriftstellern und Künstlern begann, wie ihn die Welt noch nicht gesehen hatte. Ich ließ mich in Dänemark nieder und widmete von nun an meine gesamte literarische Arbeit dem Kampf gegen Nazismus, Stücke und Gedichte schreibend.

Einige Gedichte wurden in das Dritte Reich eingeschmuggelt, und die dänischen Nazis, unterstützt von Hitlers Gesandtschaft, begannen bald, meine Deportation zu verlangen. Die dänische Regierung lehnte dies ab. Aber im Jahre 1939, als der Krieg bevorzustehen schien, zog ich mit meiner Familie nach Schweden. Ich konnte nur ein Jahr lang bleiben. Hitler fiel in Dänemark und Norwegen ein.

Wir setzten unsere Flucht nach Norden fort und gelangten nach Finnland. Hitlers Truppen folgten. Finnland war schon voll von Nazidivisionen, als wir 1941 nach Amerika ausreisten. Wir durchquerten die UdSSR im Sibirischen Express, der deutsche, österreichische, tschechische Flüchtlinge trug. Zehn Tage, nachdem wir Wladiwostok auf einem schwedischen Schiff verlassen hatten, fiel Hitler in der UdSSR ein. Das Schiff lud Kopra in Manila. Einige Monate danach fielen Hitlers Verbündete in dieser Insel ein.

Ich vermute, daß einige meiner Stücke und Gedichte, geschrieben in der Periode des Kampfs gegen Hitler, den Ausschuß des Kongresses veranlaßt haben, mich hierher zu zitieren.

Meine Betätigungen, selbst die gegen Hitler, waren immer rein literarische, und sie waren von niemandem abhängig. Als Gast der Vereinigten Staaten betätigte ich mich in keiner Weise, dieses Land betreffend, auch nicht literarisch. Nebenbei erwähnt, bin ich kein Filmschreiber. Ich bin mir keines Einflusses bewußt, den ich auf die Filmindustrie ausgeübt haben könnte, weder eines politischen noch eines künstlerischen.

Jedoch fühle ich mich, berufen vor den Kongreßausschuß gegen unamerikanische Betätigungen zum erstenmal versucht, ein paar Worte über amerikanische Angelegenheiten zu äußern. Zurückschauend auf meine Erfahrungen als Stückeschreiber und Dichter in dem Europa der beiden letzten Jahrzehnte, möchte ich sagen, daß das große amerikanische Volk viel verlieren und viel riskieren würde, wenn es irgend jemandem erlaubte, den freien Wettbewerb der Ideen auf kulturellem Gebiet einzuschränken oder gegen die Kunst einzuschreiten, die frei sein muß, um Kunst zu sein.

Wir verbringen unser Leben in einer gefährlichen Welt. Der Stand unserer Zivilisation ist ein solcher, daß die

Menschheit schon alle Mittel besäße, überaus reich zu sein, aber in der Gänze noch immer mit Armut geschlagen ist. Große Kriege sind erlitten worden, größere stehen, wie wir hören, bevor. Einer von ihnen mag sehr wohl die Menschheit in ihrer Gänze verschlingen. Wir mögen das letzte Geschlecht der Spezies Mensch auf dieser Erde sein. Die Ideen darüber, wie man die neuen Produktionsmöglichkeiten benutzen könnte, sind nicht sehr entwickelt worden seit den Tagen, als das Pferd tun mußte, was der Mensch nicht konnte. Denken Sie nicht, daß in so mißlicher Lage jede neue Idee sorgfältig und frei untersucht werden sollte? Die Kunst kann solche Ideen klarer und sogar edler machen.

(Anrede an den Kongreß für unamerikanische Betätigungen, 1947)

Ich war 19 Jahre alt, als ich von Ihrer großen Revolution hörte, 20, als ich den Widerschein des großen Feuers in meiner Heimat erblickte. Ich war Sanitätssoldat in einem Augsburger Lazarett. Die Kasernen und sogar die Lazarette leerten sich, die alte Stadt füllte sich plötzlich mit neuen Menschen, in großen Zügen aus den Vorstädten kommend, von einer Lebendigkeit, welche die Straßen der Reichen, der Ämter und Kaufleute nicht kannten. Einige Tage lang sprachen Arbeiterfrauen in den schnell improvisierten Räten und wuschen jungen Arbeitern in Soldatenkitteln die Köpfe, und die Fabriken hörten die Befehle der Arbeiter.
Einige Tage, aber was für Tage! Überall Kämpfer, aber zugleich friedliche Leute, aufbauende Leute!
Die Kämpfe führten, wie Sie wissen, nicht zum Sieg, und Sie wissen, warum. In den folgenden Jahren der Weimarer Republik waren es die Schriften der Klassiker des Sozialismus, die durch den großen Oktober neu belebt worden waren, und die Berichte von Ihrem kühnen Aufbau einer neuen Gesellschaft, die mich diesen Idealen verpflichteten und mit Wissen versahen.
Die wichtigste der Lehren bestand darin, daß eine Zu-

kunft für die Menschheit nur »von unten her«, vom Standpunkt der Unterdrückten und Ausgebeuteten aus, sichtbar wurde. Nur mit ihnen kämpfend, kämpft man für die Menschheit.

Ein riesiger Krieg hatte stattgefunden, ein riesigerer wurde vorbereitet. Von hier aus, von unten aus, waren die versteckten Ursachen dieser Kriege zu erkennen; diese Klasse hatte sie zu bezahlen, die verlorenen und die siegreichen. Hier, in der Tiefe, hatte auch der Friede einen kriegerischen Aspekt.

Zuinnerst der Sphäre der Produktion und allüber die Sphäre der Produktion herrschte die Gewalt, sei es die offene des Flusses, der die Dämme zerreißt, oder die geheime der Dämme, die den Fluß niederhalten. Es handelte sich nicht nur darum, ob Kanonen hergestellt wurden oder Pflüge – in den Kriegen um den Brotpreis sind die Pflüge die Kanonen. In den immerwährenden unerbittlichen Kämpfen der Klassen um die Produktionsmittel sind die Zeiten verhältnismäßigen Friedens nur die Zeiten der Erschöpfung. Nicht so ist es, daß ein zerstörerisches kriegerisches Element immer wieder die friedliche Produktion unterbricht, sondern die Produktion selbst gründet sich auf das zerstörerische kriegerische Prinzip.

Das ganze Leben kämpfen die Menschen im Kapitalismus um ihre Existenz – gegeneinander. Die Eltern kämpfen um die Kinder, die Kinder um das Erbe, der kleine Händler kämpft um seinen Laden mit dem anderen kleinen Händler, und alle kämpfen sie mit dem großen Händler. Der Bauer kämpft mit dem Städter, die Schüler kämpfen mit dem Lehrer, das Volk kämpft mit den Behörden, die Fabriken kämpfen mit den Banken, die Konzerne kämpfen mit den Konzernen. Wie sollten da am Ende nicht die Völker mit den Völkern kämpfen!

Die Völker, die sich eine sozialistische Wirtschaft erkämpft haben, haben eine wunderbare Position bezogen, was den Frieden betrifft. Die Impulse der Menschen werden friedlich. Der Kampf aller gegen alle verwandelt sich in den Kampf aller für alle. Wer der Gesellschaft nützt, nützt sich selbst. Wer sich selbst nützt, nützt der Gesellschaft. Gut haben es die Nützlichen, nicht mehr die Schädlichen. Der Fortschritt hört auf, ein Vorsprung zu sein, und die Erkenntnisse werden niemandem mehr verheimlicht, sondern allen zugänglich gemacht. Die neuen Erfindungen können mit Freude und Hoffnung empfangen werden, anstatt mit Entsetzen und Furcht.

Ich selbst habe zwei Weltkriege erlebt. Jetzt, an der Schwelle des Alters, weiß ich, daß von neuem ein ungeheurer Krieg vorbereitet wird. Aber ein Viertel der Welt ist jetzt befriedet. Und in anderen Teilen befinden sich die sozialistischen Ideen im Vormarsch.

Der Friedenswunsch der einfachen Menschen allüberall ist tief. In den intellektuellen Berufen kämpfen viele, auch in kapitalistischen Staaten, mit verschiedenen Graden des Wissens für den Frieden. Aber es sind die Arbeiter und Bauern in ihren eigenen Staaten und in den Staaten des Kapitalismus, auf denen unsere beste Hoffnung für Frieden beruht.

(Aus der Moskauer Rede, 1955)

Bildteil

Augsburg 1898–1917

Oh, ihr Zeiten meiner Jugend

Oh, ihr Zeiten meiner Jugend! Immer
Matter wird Erinnerung jetzt schon.
Leichte Schatten! Weiß getünchte Zimmer!
Und darinnen rot Orchestrion.

In den apfellichten Teichen karpften
Wir gefräßig leicht in windiger Flut
Und in himbeerfarbenen Hemden harpften
Wir am Abend im Melonenhut.

O Gekreisch der schnarrenden Gitarren!
Ach, du himmlisch aufgeblähter Hals!
Hosen, die von Schmutz und Liebe starren!
Und in schleimig grünen Nächten: welch Gebalz!

Schläfrig lungern zwischen Weidenstrunken!
Unter apfelgrünem Himmel, o Tabak!
Ach, wie Tauben fliegend, die vom Kirsch betrunken—
Trauriger endend als ein Rupfensack.

Zartes Lammfleisch du, in steifen Linnen.
Ach, schon sucht dich wild der gute Hirt!
Ja, noch weidest du, und rot darinnen
Sitzt ein Herz, das bald verfaulen wird.

(1921)

19

Seite 19: 1 Brecht in seinem Mansardenzimmer, Augsburg 1917

2 Augsburg, Auf dem Rain Nr. 7. In dieses Haus zogen Brechts Eltern am 14. Mai 1897, einen Tag vor ihrer Eheschließung. Dort wurde ihr erster Sohn, Eugen Berthold Friedrich, geboren. Wegen des Lärmes der im Erdgeschoß gelegenen Feilenhauerei zog die Familie Brecht im September 1898 in ein ruhigeres Haus.

3 Hochzeitsbild der Eltern, Augsburg 1897

Der Vater, Berthold Friedrich Brecht, wurde am 6. November 1869 als Sohn des Lithographen Stephan Berthold Brecht (1839–1910) und Karoline Brecht, geb. Wurzler (1839–1919) in Achern/Baden geboren. Nach einer kaufmännischen Ausbildung in Stuttgart arbeitete er von 1898 an in der Haindlschen Papierfabrik in Augsburg. Am 15. Mai 1897 heiratete er Sophie Brezing. Die Mutter wurde am 8. September 1871 in Roßberg bei Bad Waldsee als Tochter des Stationsvorstehers Josef Friedrich Brezing (1842–1922) und Friederike Brezing, geb. Gammerdinger (1838–1914), geboren

4 Berthold Friedrich Eugen Brecht, 1899
5 Geburtsschein, 1898
Brechts Vater hatte als kaufmännischer Angestellter 1899 eine
Abhandlung über die Geschichte der damals 50jährigen
Haindlschen Papierfabrik verfaßt. Als sein ältester Sohn ein
Jahr alt war, wohnte die Familie in dem repräsentativen Miets-
haus Bei den sieben Kindeln Nr. 1

Augsburg am 15ten Februar 1898

Vor dem unterzeichneten Standesbeamten erschien heute, der
Persönlichkeit nach *durch genügende Legitimation*
anerkannt,
der Kaufmann Berthold Friedrich Brecht,

wohnhaft zu *Augsburg Lit. C 867b,*
katholischer Religion, und zeigte an, daß von der
Wilhelmine Friederike Sophie Brecht, geborenen
Brezing, seiner Ehefrau,
protestantischer Religion,
wohnhaft *bei ihm,*

zu *Augsburg in seiner Wohnung*
am *zehnten Februar* des Jahres
Eintausend *achthundert neunzig* und *acht Vormittags*
um *vier ein halb* Uhr ein Kind *männlichen*
Geschlechts geboren worden sei, welches *die* Vornamen
Eugen Berthold Friedrich
erhalten habe :

Vorgelesen, genehmigt und *unterschrieben:*
Berthold Brecht

geboren 14.8.56 St.A. Mitte von Groß-Berlin 1629/56

A 325 **Der Standesbeamte.**
In Vertretung:
Zahn

uss vom Kobel genannt Augsburger Rigi

6 Brecht zum Schulanfang, 1904
7 Erste überlieferte Schrift
Eugen Bertholds, 1905
**L. Mama, viele Grüße sendet
dir dein Eugen**
(20. Juni 1905)
Während eines Kuraufenthalts
der kränklichen Mutter waren
die Kinder in Obhut von deren
Schwester, die diese Karte an
das Kurbad Rain schickte.
Auf Wunsch der Mutter war
Brecht in die evangelische
Schule bei den Barfüßern gegeben worden.
8 Mit seinem Bruder Walter,
1904
Am 29. Juni 1900 wurde der
zweite Sohn, Walter, geboren.

9 Familie Brecht, 1908
10 Augsburg, Bleichstraße 2,
1910

Am 12. September 1900 zog die
Familie Brecht in das Haus
Bleichstraße 2 um. Dieses Haus
gehörte zu der »Haindlschen
Stiftung«, die von den Unter-
nehmern für Invalide, Pensionä-
re sowie leitende Angestellte
geschaffen worden war.
Der Vater Berthold Brecht wurde am 12. Januar 1901 zum Pro-
kuristen der Firma ernannt und
nach seinem Umzug zum Ver-
walter der »Haindlschen Stiftung« gemacht.
Die Familie Brecht bewohnte
die 1. Etage des Hauses und
hatte zwei Dachkammern zur
Verfügung. Rechts im Fenster
die beiden Brüder, links eine
Hausangestellte.
Berthold Eugen kam am 18.
September 1908 in das König-
lich Bayrische Realgymnasium.

11 »Mutter sein . . .«, Veröffent-
lichung Brechts in der »Mün-
chen-Augsburger Abendzei-
tung«, am 21. September 1914
12 Mit der Mutter, 1915
Das Foto entstand im Garten
des Hauses Bleichstraße 2.
Brechts Mutter war kränklich
und mußte häufig zur Kur nach
Bad Rain in Oberstaufen
fahren. Nach Aussagen seiner
Freunde war Brecht sehr mitfühlend um seine Mutter
besorgt und nahm später auf
ihren Wunsch das Studium der
Medizin auf, um ihre Krank-
heitsursache herauszufinden.
**Die Mutter (tritt ein verhüllt und
wie gestorben, so ernst): Mein
Sohn, ich habe gehört, was mit
dir zuging und bin dennoch gekommen, denn ich weiß, daß
du leidest. Ich bin schuldig geworden durch dich, verflucht
ward mein Schoß um deinetwil-
willen.** (Oratorium, etwa 1916)
13 Kastanienallee gegenüber
vom Wohnhaus, von Walter
Brecht 1919 fotografiert
**Vorbei an meinem väterlichen
Haus führte eine Kastanienallee
entlang dem alten Stadtgraben;
auf der anderen Seite lief der
Wall mit Resten der einstigen
Stadtmauer. Schwäne
schwammen in dem teicharti-
gen Wasser. Die Kastanien
warfen ihr gelbes Laub ab.**
(Bei Durchsicht meiner ersten Stük-
ke, 1954)

Mutter sein . . . .

Mutter sein, zu unseren Zeiten,
Heißt: Leiden

Mutter sein, das heißt:
Weinend gehen —
Heißt: mit Körper, Seele, Geist
Einem andern Leben leben. —
Wenn der Sturm es in die Wellen reißt,
Selbstversinkend es zum Himmel heben
Und sich geben.
Mutter sein, das heißt:
Tausendmal sterben.
Heißt: Wenn Not und Tod die Seel erlösten,
Um Verzeihung drum beim Kinde werben
Und den Erben
Sterbend noch mit einem Lächeln trösten.

Mutter sein, zu allen Zeiten,
Hieß: Leiden.

                        Berthold Eug

28

14 Mit den vier letzten Schülern der Klasse, März 1917
15 Mit seinem Bruder Walter,
Frühjahr 1917

Ich werde im schönen Mai ge-
mustert. Aber ich habe ein
schlechtes Herz. Ich laufe zu-
viel. Ich würde eine Offensive
vereiteln.
(Brief an Neher, April 1918)

Während meines 9-jährigen
Eingewecktseins an einem
Augsburger Realgymnasium
gelang es mir nicht, meine Lehrer wesentlich zu fördern. Mein
Sinn für Muße und Unabhän-
gigkeit wurde von ihnen uner-
müdlich hervorgehoben.
(Brief an Neher, Oktober 1922)

K. Realgymnasium Augsburg.

Jahreszeugnis.

Sohn des ... in ..., K. Bez.-Amts
geboren am 10. Februar 1898 zu ..., K. Bez.-Amts
... Konfession, hat im Schuljahre 1915/16 die ... Klasse, Abt. —, besucht

Seine Fortschritte sind:

in der Religionslehre ...
in der deutschen Sprache ...
in der lateinischen Sprache ...
in der französischen Sprache ...
in der englischen Sprache ...
in der Mathematik ...
in der Physik ...
in der Naturkunde
in der Chemie ...
in der Geschichte ...
in der Geographie ...
im Zeichnen ...
im Turnen ...

Die Erlaubnis zum Vorrücken in die nächsthöhere Klasse hat er ...

Vermerk in ...

Bemerkung: Nach § 20 Abs. 2 der Schulordnung hat der Vermerk die Folge, daß der Schüler aus der nächsten Klasse nicht vorrücken darf, wenn er im gleichen Fache abermals die Note „ungenügend" erhält.

Augsburg, am 15. Juli 1916.

Gebühr 50 Pfg.

Der K. Rektor

Notenskala:
1 = sehr gut.
2 = gut.
3 = genügend.
4 = ungenügend.

Der Klaßleiter

16 Schulzeugnis, 1916
Urteil: Sein Fleiß hatte im ganzen entsprochen, seine Leistungen
waren daher auch nur im allgemeinen zufriedenstellend. Sein
Betragen war nicht tadelfrei . . .
Anlaß für diese Beurteilung bot ein Aufsatz, in dem Brecht den
Heldentod als »Zweckpropaganda« bezeichnete. Er entging
nur knapp einer Relegierung.

17 Baals Lied, 1918
Aus dem Heft »Lieder zur
Klampfe«
18 Mit Otto Müllereisert, 1918
Auf der Universität hörte ich
Medizin und lernte das Gitarre-
spielen. In der Gymnasiumszeit
hatte ich mir durch allerlei
Sport einen Herzschock geholt,
der mich mit den Geheimnissen
der Methaphysik bekannt
machte. Während der Revolu-
tion war ich als Mediziner in
einem Lazarett.
(Brief an Jhering, Oktober 1922)
19 Brecht 1917
Nach dem Notabitur wurde
Brecht 1917 an der Philosophischen Fakultät der Universität
München immatrikuliert.

20 Brecht mit seinem Bruder
und Freunden, 1916
Von rechts: Rudolf Hartmann,
Heinrich Scheuffelhut und Erne-
stine Müller
**Réunion der Silvesterspukge-
stalten. Hast Du Punschessenz?
Nötig: Trinkbecher. Schlitten.
Holz (im Rucksack). Mundhar-
monika. Zigaretten. Wasserstie-
fel. Gefühl für Romantik und
Ulk.**
(An Haag, Januar 1917)
21 Augsburg, Plärrer mit Mori-
tatensänger
**Immer streune ich abends
übern Plärrer, der einem seine
Negermusiken mit Keulenschlä-
gen eintreibt: Man bringt sie
nachts nimmer aus den Hautfal-
ten!**
(Tagebücher, 24. August 1920)

22 Mit Paula Banholzer, 1918

Komme ich nach Augsburg, ist meine ganze Stube voll [Freunde], und Bittersüß und ich haben keinen Winkel, um in Dunkeln ungestört einiges zu besprechen. Wir zünden nachts auch Lampions an und ziehen durch die Stadt zu den schönen Mädchen und machen Musik, heulen wie die Wölf!
(Brief an Neher, 11. Mai 1918)

Brecht lernte Paula Banholzer, die Tochter eines Augsburger Arztes, 1917 kennen; er nannte sie »Bittersüß« oder abgekürzt »Bi«.

23 Brecht, 1918
24 Brecht, 1917

Über diesen Sommer

Ich habe nicht viel gemacht, etwas geschwommen, einiges gelesen, nichts geliebt. Aber die Zeit war nicht arm. Ich mußte umschaufeln und mich an den Anblick von Leichen gewöhnen. Schlimmer, als daß nichts getan wurde, ist, daß viel angefangen wurde. Immerhin sind einige Balladen fertig. Auch die Sägearbeit an dem Ast, auf dem ich sitze, schreitet vor, wenn auch langsam. Aber die Sicherheit treibe ich mir noch aus.
(Tagebücher, 26. September 1920)

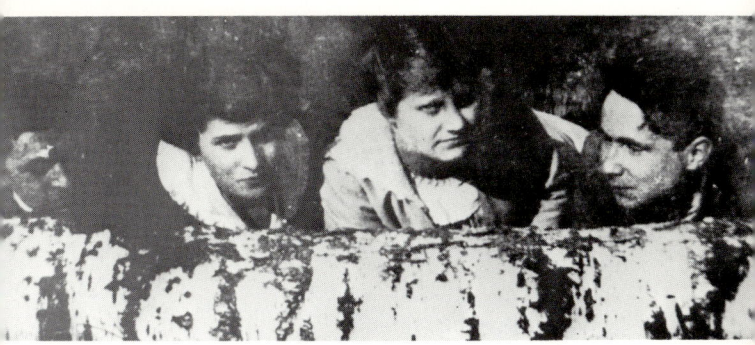

25 An Bittersweet, Manuskript, 1919
26 Mit Freunden, 1918
Von links: Heiner Hagg, Bi Banholzer, Emmi Wild, Brecht
27 Mit Paula Banholzer in der Mansardenstube, 1919

Nachmittags ist Bi da, sie kocht Tee, den wir im schönen Zimmer nehmen, auf der Chaiselongue, bequem vom Rauchtischchen. Das ist sehr angenehm, Teetrinken ist ein seelenvoller Sport. Bi hat hübsche, weiße Beine, die etwas Aufmerksamkeit unbedingt beanspruchen können.
(Tagebücher, 22. August 1920)
Nun hat mich Bittersüß lieb. So nenne ich Paul. Sie ist wundervoll weich und frühlingshaft, scheu und gefährlich. Täglich führe ich mich in Versuchung, um mich von allen Übeln zu erlösen.
(Brief an Neher, 24. Februar 1918)

Augsburg/München 1917–1924

Gegen Verführung

1
Laßt euch nicht verführen!
Es gibt keine Wiederkehr
Der Tag steht in den Türen;
Ihr könnt schon Nachtwind spüren:
Es kommt kein Morgen mehr.

2
Laßt euch nicht betrügen!
Das Leben wenig ist.
Schlürft es in schnellen Zügen!
Es wird euch nicht genügen
Wenn ihr es lassen müßt!

3
Laßt euch nicht vertrösten!
Ihr habt nicht zu viel Zeit!
Laßt Moder den Erlösten!
Das Leben ist am größten:
Es steht nicht mehr bereit.

4
Laßt euch nicht verführen
Zu Fron und Ausgezehr!
Was kann euch Angst noch rühren?
Ihr sterbt mit allen Tieren
Und es kommt nichts nachher.

(Anfang der 20er Jahre)

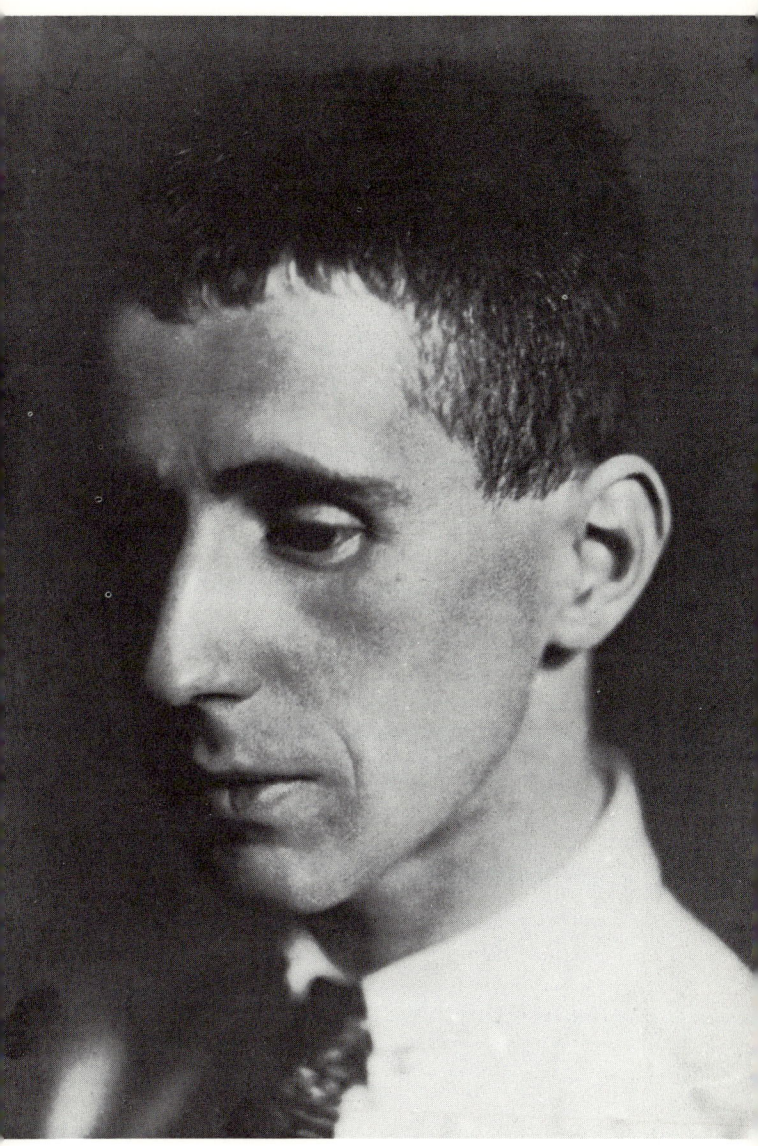

Seite 41: 28 Brecht, 1923
29 Rudolf Caspar Neher, 1917
Neher kam 1911 in das Realgymnasium und war seitdem
mit Brecht befreundet. Er begann 1914 ein Studium an der
Kunstgewerbeschule und
Kunstakademie München. Als
Neher beim Militär an der
Front war, schrieben sich die
Freunde zahlreiche Briefe. Später entstanden viele Zeichnungen zum Werk von Brecht.
**Du mußt soviel als möglich
zeichnen und alles mir schen-
ken. Das ist ein wesentlicher
Punkt. Bitte, schreibe mir noch
einmal extra, daß ich sie behalten darf. Sonst müßte ich be-
ten, daß Du bald stirbst. Ich
werde sie, wenn ich nach
Argentinien gehe, in meinen
Futterbeutel oder in die Leib-
binde wickeln. Ich werde sie
behalten zu diesem Zweck.**
(Brief an Neher, September 1917)
30 Mitgliedskarte des Ver-
bands Deutscher Bühnenschriftsteller und Bühnenkomponisten, 1920
31 Skizzen Caspar Nehers für
ein Brecht-Porträt, 1919

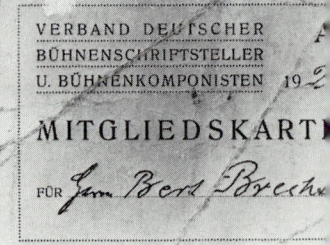

VERBAND DEUTSCHER
BÜHNENSCHRIFTSTELLER
U. BÜHNENKOMPONISTEN 19 2

MITGLIEDSKARTE

FÜR Herr Bert Brecht

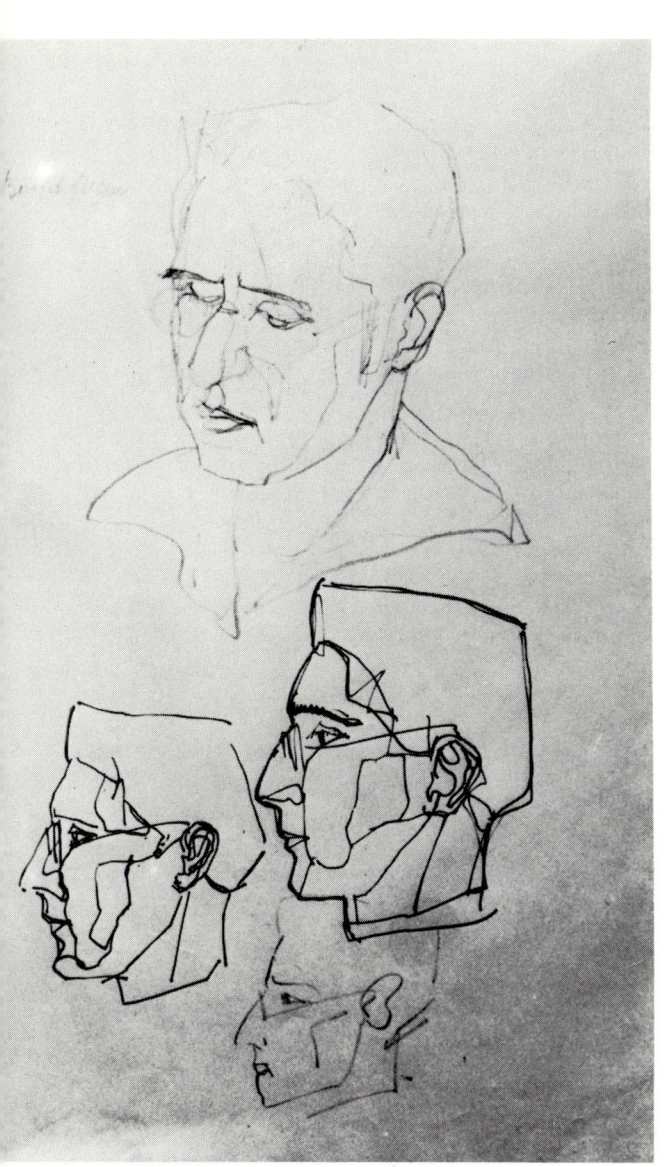

43

32 Brecht in Valentins Orchester, 1920
Szene »Oktoberfest – Schaubude«, mit Karl Valentin, rechts
neben Brecht, und vorn Lisl Karlstadt

**Wenn dieser Mensch, eine der eindringlichsten Figuren der Zeit,
den Einfältigen die Zusammenhänge zwischen Gelassenheit,
Dummheit und Lebensgenuß leibhaftig vor Augen führt, lachen
die Gäule und merken es tief innen.**
(Karl Valentin, Oktober 1922)

32 Mit Otto Müllereisert und
Georg Pfanzelt, etwa 1918
In jener Zeit war ich Soldaten-
rat in einem Augsburger Lazarett, und zwar wurde ich das
nur auf dringendes Zureden ei-
niger Freunde, die behaupte-
ten, ein Interesse daran zu haben. (Wie sich dann heraus-
stellte, konnte ich jedoch den
Staat nicht so verändern, wie
es für sie gut gewesen wäre.)
Wir alle litten unter einem
Mangel an politischen Über-
zeugungen und ich speziell
noch dazu an meinem alten
Mangel an Begeisterungsfähig-
keit.
(Nachdruck verboten! 9. November
1928)

34 Zeichnung zu »Baal« von Caspar Neher, 1919

Meine Komödie: »Baal frißt! Baal tanzt!! Baal verklärt sich!!!
Was tut Baal? 24 Szenen« ist fertig und getippt – ein stattlicher
Schmöker! Ich hoffe damit einiges zu erreichen. Schicken könnte
ich sie Dir natürlich nur gegen absolute Garantie, sie wiederzu-
kriegen.

(Brief an Neher, Juni 1918)

35 Notiz Brechts für eine Umarbeitung des Stückes »Baal«,
1920

Transkription: **Baal Branntweinschenke**
Die Kellnerin hat die Züge Sophiens. 2) »Der Wind geht nimmer in seine Segel.« 3) »Man kann ihm nicht ins Gesicht spuk-
ken: Er geht unter.« (Ekart) 4) Sage das nicht! Ich liebe ihn. Ich
nehme ihm nichts übel weil ich ihn liebe.« (E) 5) Er tut nur was er
muß weil er so faul ist.« 1) »Seine Mutter ist gestern gestorben.
Er ist fortgegangen Geld zu leihen für die Beerdigung. Dann
kommt er hierher. 6) Ekart: (tritt in die Tür) Es ist eine ganz milde
Nacht: der Wind warm. Ich liebe das Alles. Man sollte nicht soviel trinken. (zurück) Die Nacht ist ganz mild. Jetzt und noch 3
Wochen in den Herbst kann man gut auf den Straßen laufen.
(setzt sich)

(Januar 1920)

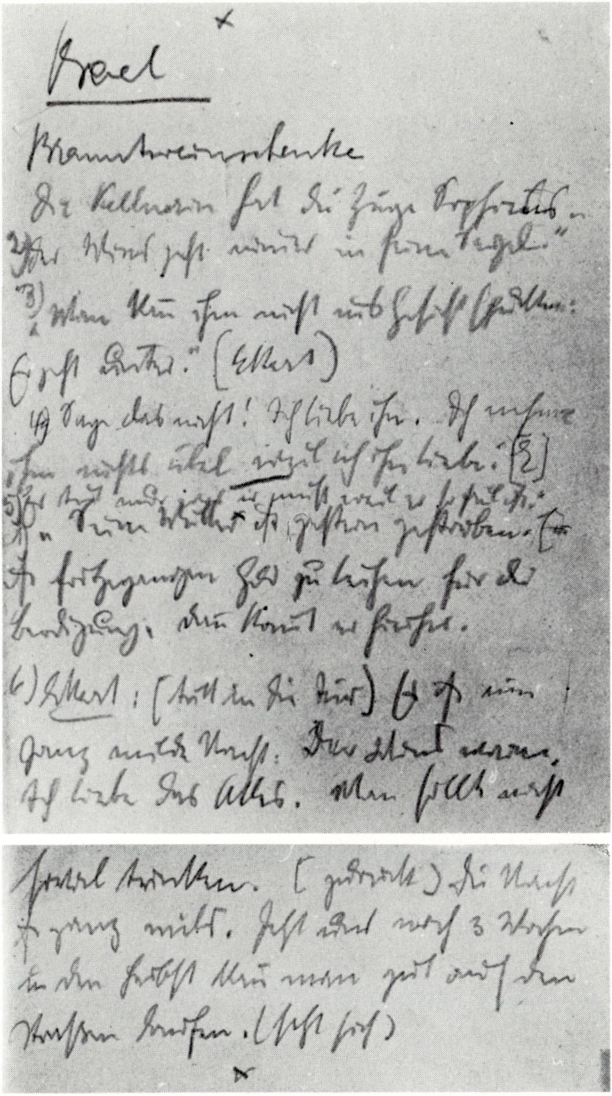

Israel

Branntweinschenke

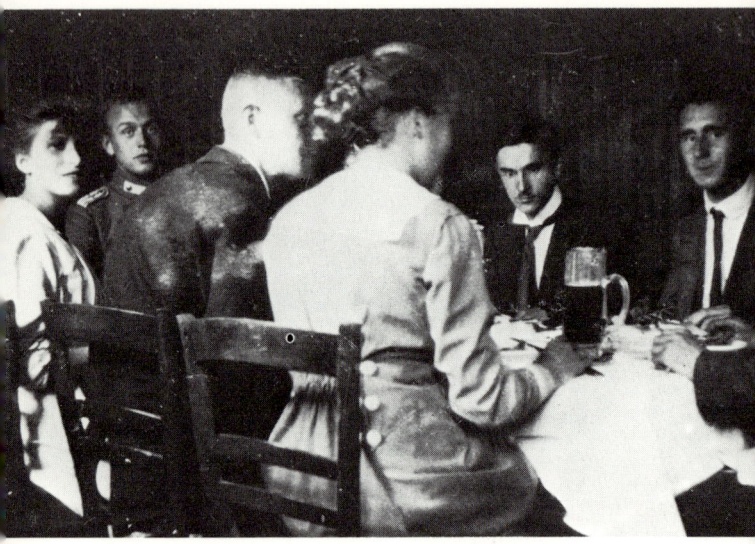

36 Nach der Taufe des Sohnes Frank, Kimratshofen, 2. August
1919

Am 30. Juli 1919 wurde Brechts erster Sohn geboren, den er in
Verehrung von Wedekind Frank nannte. Paula Banholzer, de-
ren Eltern die Verbindung zu Brecht für eine Messallianz hiel-
ten, hatten sie genötigt, das Kind außerhalb von Augsburg, in
Kimratshofen, bei ihren Großeltern zur Welt zu bringen. Die
Taufe wurde in einer Gaststätte gefeiert.
Auf dem Bild von links: Paula Banholzer, Otto Müllereisert,
Caspar Neher, eine Bekannte, Georg Pfanzelt, Brecht und ein
Verwandter Paulas.
Frank habe rote Haare, sei frech, liebe den Unsinn. Bravo!
(Tagebücher, 9. September 1920)

37 Frank Otto Walter Banholzer, Kimratshofen 1921

Mit Bi nach Kimratshofen gesegelt. Es regnet auf dem Weg, Wind geht. Die Frau bringt den Buben, ich hatte eine tiefe Freude. Ich hatte Angst gehabt, er sehe bäurisch aus. Er ist schlank, zartgliedrig, mit feinem hellem Gesicht, roten gelockten Haaren, die vorn glatt sind, er ist lebhaft und hat große, dunkelbraune Augen. Er macht gern Ulk, lacht viel, läuft immer herum und spielt mit vielen Dingen, kurz nacheinander, aber er ist nie gewalttätig und nie lärmend, sondern immer freundlich und zart. Er redet fast nichts, ist aber originell im Spielen (setzt einem Pferdchen meinen Hut auf) und schenkt allen Leuten, was er bekommt. (Tagebücher, 28. April 1921)

Frank Banholzer wurde bei einem Distriktwegemacher in Pflege gegeben. Er lebte später bei der Schwester von Helene Weigel in Baden bei Wien. Paula Banholzer, die 1924 einen Kaufmann heiratete, nahm Frank 1935 nach Augsburg, wo sich auch der Vater Brechts um ihn kümmerte.

38 Brecht in Augsburg, 1921

Wiewohl ich erst 22 Jahre zähle, aufgewachsen in der kleinen
Stadt Augsburg am Lech, und nur wenig von der Welt gesehen
habe, außer den Wiesen nur diese Stadt mit Bäumen und einige andere Städte, aber nicht lang, trage ich den Wunsch, die

Welt vollkommen überliefert zu bekommen. Ich wünsche alle
Dinge mir ausgehändigt, sowie Gewalt über die Tiere, und ich
begründe meine Forderung damit, daß ich nur einmal vorhanden bin.
(Tagebücher, 1920)

39 Mit seiner Frau Marianne, etwa 1922
40 Marianne Zoff
41 Marianne Zoff und Hanne, München 1924

Am 3. November 1922 heiratete Brecht die Opersängerin Marianne Zoff. Am 12. März 1923 wurde die Tochter Hanne geboren.

Ich lebe luxuriös mit der schönsten Frau Augsburgs, schreibe Filme. Alles am hellen Tag, die Leute sehen uns nach. Wie lange noch und Gottes Geduld reißt, ich sitze auf einem Stein, und die Hunde schiffen mich an. (Tagebücher, 26. März 1921)
Ich bin's müde. Die Affären verbrauchen mich. Der Film deckt mich zu, die Feinde scharren mich ein. Was soll ich mit der schwangeren Frau? Ich habe Lust, gut zu ihr zu sein. Die Hiebe sausen zu dick.
(Tagebücher, 18. April 1921)

53

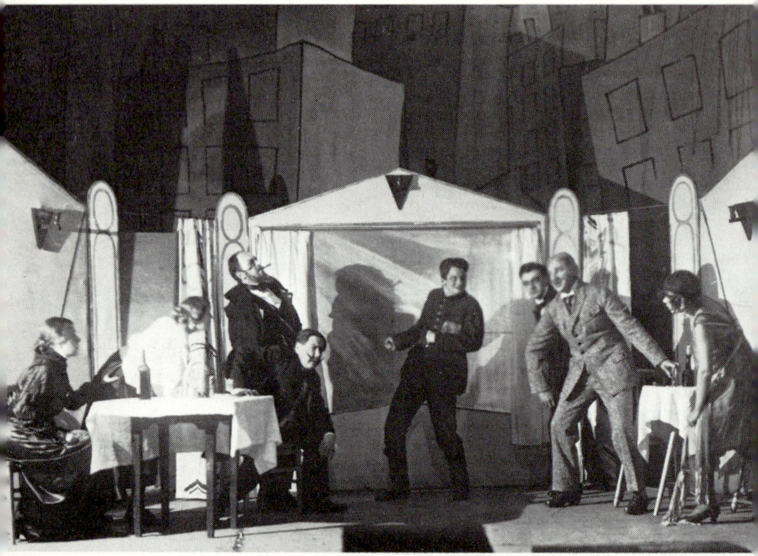

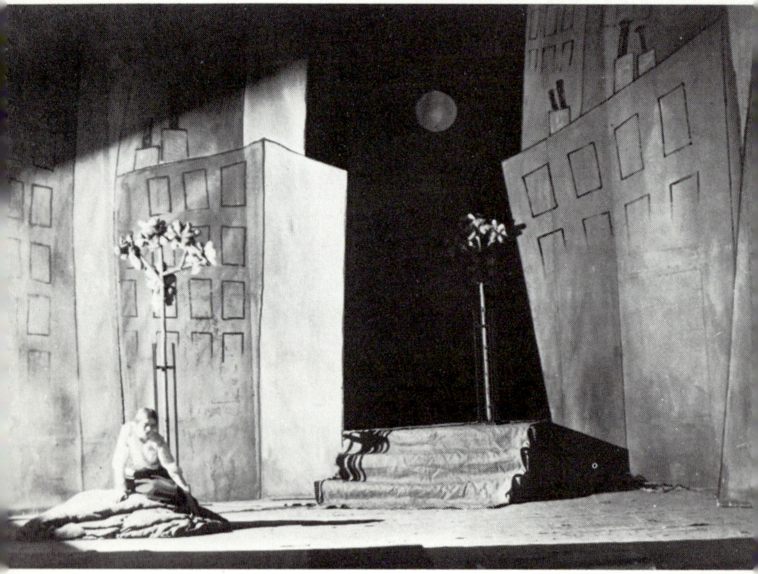

42/43 »Trommeln in der Nacht«, München 1922
Am 29. September 1929 wurde »Trommeln in der Nacht« an den Münchner Kammerspielen aufgeführt, Regie: Otto Falkenberg, Bühnenbild: Otto Reigbert, mit Erwin Faber, Hans Leibelt, Kurt Horwitz, Maria Koppenhöfer.
44 »Im Dickicht«, München 1923
Aufführung am Residenztheater München am 9. Mai 1923, Regie: Erich Engel, Bühnenbild: Caspar Neher, mit Otto Wernicke (Shlink), Erwin Faber (Garga, siehe Abbildung), Maria Koppenhöfer (Marie)

In der Stadt kann man sich nicht umdrehen, und die Leute sind so dumm, daß man so viel Humor braucht, daß man schlechter Laune wird. Das kommt vom schlechten Wasser. [. . .] Hier wird im Theater nicht Wassersuppe, sondern Suppenwasser gekocht. Es ist eine Lackfabrik. (Brief an Jhering, Februar 1923)

45 »Leben Eduards des Zweiten von England«, Bühnenskizzen von Caspar Neher, 1924

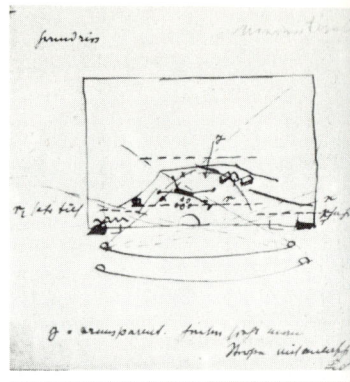

Brechts Schulfreund schuf seit dieser Zeit zahlreiche Bühnenbilder für die Erstaufführung der Stücke. Mit der Inszenierung seiner Bearbeitung des Marloweschen Stückes trat Brecht erstmals als Regisseur an die Öffentlichkeit.

Wir wollen eine Aufführung ermöglichen, die mit der Shakespearetradition der deutschen Bühnen brechen sollte, jenem gipsig monumentalen Stil, der den Spießbürgern so teuer ist.
(Schriften zum Theater, 1954)

46 Notiz über Verleihung des Kleist-Preises, 1922

Brecht hatte den Theaterkritiker Herbert Jhering auf sich aufmerksam gemacht und in ihm einen Förderer seiner Arbeiten gefunden.

47 Mit dem Kapellmeister Tantz und der Schauspielerin Sybille Binder im Hof der Münchner Kammerspiele, etwa 1922

Im Oktober 1922 wurde Brecht als Dramaturg an die Münchner Kammerspiele verpflichtet. Er arbeitete eng mit Lion Feuchtwanger zusammen.

Verleihung des Kleistpreises an Berthold Brecht.

Ehrende Erwähnungen von E Barlach, Ernst Weiß, Uli Klimsch.

Der Vertrauensmann der Kleiststiftung, hat Jhering, hat den Kleistpreis dieses res Berthold Brecht für seine drei Dr »Trommeln in der Nacht«, »Baal« »Im Dickicht« zuerkannt. Er hat ferner ehrende Erwähnungen ausgespr und zwar für Ernst Barlach mit seinen men »Der arme Vetter«, »Die ech Sedemunds« und »Der tote Tag«, f Ernst Weiß mit seinem Drama »Olym und Uli Klimsch für sein Trauerspiel Toten Heimkehr«. Herbert Jhering gründet sein Urteil wie folgt: »Berthold B wurde 1898 geboren. Als Zwanzigjähriger s er das Revolutionsdrama »Trommeln in Nacht«, das die Stücke seiner Generationsger schon dadurch übertrifft, daß die Revolution nicht herausspringende Tendenz, sondern H grund für eine menschliche Handlung gew it. Wenn Brecht im ersten Akt noch man in einer typisierenden Charakteristik befang sein scheint (Sternheim, Kaiser), so kündig sein Aufstieg schon darin an, wie er noch i halb dieses Dramas die Typisierung übern und in eine individuelle, sprachlich sinnbill szenentragende Charakteristik hineinsteiger Brechts sprachliche Kraft entfaltet sich noch r im »Baal« und in dem Drama »Im Dic Diese Sprache ist bildhaft ohne poetische A symbolisch ohne literarisierende Bedeutung. ist Dramatiker, weil seine Sprache zugleich perlich und räumlich empfunden ist. Brec stellt den Menschen in der Wirkung au endern Menschen und vermeidet deshalb a einen Seite die lyrische Deklamation, auf de deren die isolierende Einzelcharakteristik. gewinnt die geistigen Hintergründe und Ve

48 Mit Freunden, Berlin 1923
Von links, stehend: Brecht,
Frank Warschauer, Lion Feuchtwanger, dessen Schwager; sit-
zend: Feuchtwangers Schwester, Marianne Brecht, Marta
Feuchtwanger.
Seit 1922 hielt sich Brecht mehrfach längere Zeit in Berlin auf.
**Es ist eine graue Stadt, eine
gute Stadt, ich trolle mich so
durch. Da ist Kälte, friß sie!
Esse mittags bei Warschauer,
abends Wurstbrot. Mache Balladen. Bin allein.**
(Tagebücher, 12. November 1921)
**Hier ist es kalt, jetzt regnet es
auch noch, und ich bin soviel
unterwegs – in den Proben bei
Reinhardt usw. Auch werde ich
jetzt wahrscheinlich mit dem
Verlag Erich Reiß einen Gene-
ralvertrag abschließen, aber ich
habe die Auswahl zwischen
dem und dem Verlag Kiepen-
heuer. Das ist ein sehr wichti-
ges Ergebnis meiner Berlinreise.**
(Brief an Banholzer, Dezember
1921)
49 Buchausgabe »Im Dickicht
der Städte«, 1927

Berlin 1922–1933

Behauptung

Schweig!
Was, meinst du, ändert sich leichter
Ein Stein oder deine Ansicht darüber?
Ich bin immer gleich gewesen.

Was besagt eine Fotografie?
Einige große Worte
Die man jedem nachweisen kann?
Ich bin vielleicht nicht besser geworden
Aber
Ich bin immer gleich geblieben.

Du kannst sagen
Ich habe früher mehr Rindfleisch gegessen
Oder ich bin
Auf falschen Wegen schneller gegangen.
Aber die gute Unvernunft ist die
Welche vergeht, und
Ich bin immer gleich gewesen.

Was wiegt ein großer Regen?
Ein paar Gedanken mehr oder weniger
Wenige Gefühle oder gar keine
Wo alles nicht genügt
Ist nichts genügend.
Ich bin immer gleich gewesen.

(1926)

S. 61: 50 Brecht, 1927
51 Helene Weigel mit Mutter
und Schwester, etwa 1907
52 Helene Weigel, etwa 1923
Brecht lernte Helene Weigel
1922 beim Besuch der Proben
von »Trommeln in der Nacht«
in Berlin kennen. Sie war am
12. Mai 1900 in Wien geboren.
1919 begann sie als Schauspielerin in Frankfurt/Main und
wechselte 1922 nach Berlin
über. Dort verschaffte sie sich
bald einen Ruf als vitale, lei-
denschaftliche und lautstarke
Charakterdarstellerin.

Berliner Illustrirte Zeitung

**Ich habe sehr früh als Schau-
spielerin angefangen. Es war
eigentlich so ein Platzen von
Talent und Kraft, eine Art
Wahrhaftigkeit, die damals
ohne Zweifel durchbrach.
Bedenkenlose Wahrhaftigkeit.
Ich hatte Brecht bei der Berliner Premiere von »Trommeln in
der Nacht« kennengelernt. Er
hat am Anfang nicht viel von
mir als Schauspielerin gehalten,
das war gar nicht so. Dann hat
Brecht angefangen, mit mir
etwas zu arbeiten, zum Beispiel
haben wir die Magd in »Ödi-
pus« probiert. Das ist eigentlich
die erste Arbeit gewesen, die
er in Anerkennung, daß es
doch eine Art Talent sei, mit mir
gemacht hat. Sehr komisch.**
(Helene Weigel, 1969)

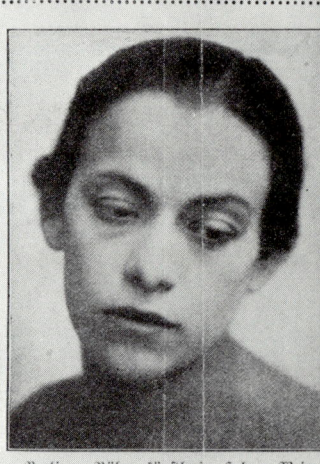

Berliner Bühnenkünstlerin Helene Weige
vermählte.
Phot. Zander & Labisch.

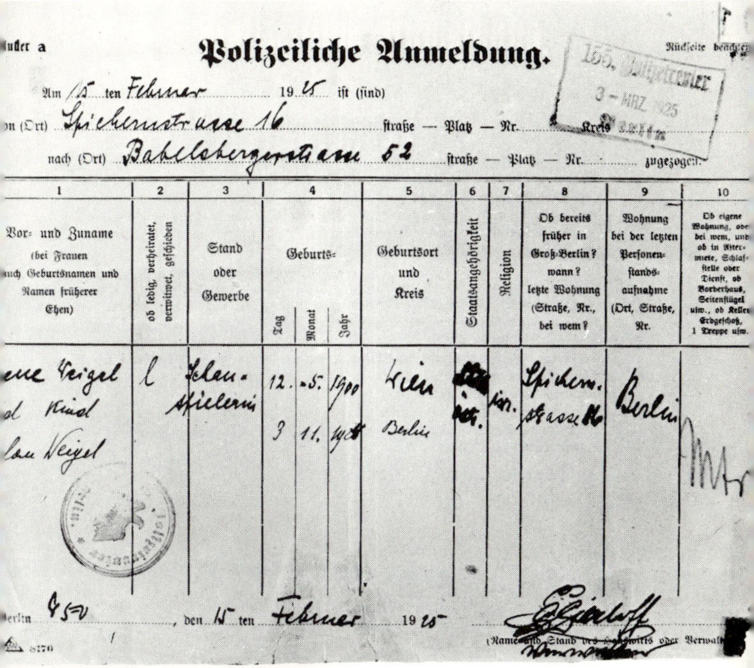

Muster a

Polizeiliche Anmeldung.

Am _15_ ten _Februar_ 19 _25_ ist (sind)

on (Ort) _Spichernstrasse 16_ _____ straße – Platz – Nr. _____ Kreis _____

nach (Ort) _Babelsbergerstrasse 52_ _____ straße – Platz – Nr. _____ zugezogen.

1	2	3	4			5	6	7	8	9	10
Vor- und Zuname (bei Frauen auch Geburtsnamen und Namen früherer Ehen)	ob ledig, verheiratet, verwitwet, geschieden	Stand oder Gewerbe	Geburts- Tag	Monat	Jahr	Geburtsort und Kreis	Staatsangehörigkeit	Religion	Ob bereits früher in Groß-Berlin? wann? letzte Wohnung (Straße, Nr., bei wem?	Wohnung bei der letzten Personen- stands- aufnahme (Ort, Straße, Nr.	Ob eigene Wohnung, oder bei wem, und in welcher Etage, ob Vorderhaus, Seitenflügel usw., ob Keller, Erdgeschoß, 1 Treppe usw.
ene Weigel	_l_	_Helen- Atelierin_	_12_	_5._	_1900_	_Wien_			_Spichern- strasse 16_	_Berlin_	
d Kind _fan Weigel_			_3_	_11._	_1924_	_Berlin_					

Berlin _45v_ _____ den _15_ ten _Februar_ 19 _25_ _____

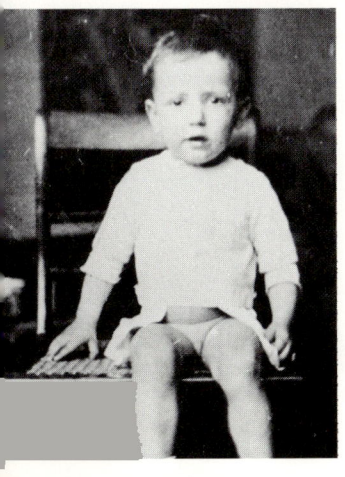

53 Polizeiliche Anmeldung von Helene Weigel und Stefan Weigel, 1925
54 Stefan Weigel, 1926
Am 3. November 1924 wurde Brechts und Helene Weigels Sohn Stefan geboren. Helene Weigel stellte ihre Atelierwohnung in Berlin, Spichernstraße 16, Brecht im Februar 1925 zur Verfügung und zog mit ihrem Sohn um. Brechts Ehe mit Marianne wurde im November 1927 geschieden.

55 Mit seiner Tochter Hanne, Mai 1926
Sie hat Augen, die sie zu einer großen Tragödin machen müssen.
(Tagebücher, etwa 1923)

56 Mit seinem Sohn Stefan, 1926
Ich bin Ihnen fortdauernd reichlich gewogen, Madamme.
(Brief an Weigel, 1924)

57 Songspiel »Mahagonny«, Baden-Baden 1927.
Rechts auf der Bühne Brecht, links im Ring Lotte Lenya. Das
Songspiel wurde am 17. Juli 1927 uraufgeführt, Regie: Brecht,
Dirigent: Erich Mehlich

**Wirklicher Fortschritt ist nicht Fortgeschrittensein, sondern Fort-
schreiten. Wirklicher Fortschritt ist, was Fortschreiten ermöglicht
oder erzwingt. Und zwar in breiter Front die angeschlossenen
Kategorien mitbewegend. Wirklicher Fortschritt hat als Ursache
die Unhaltbarkeit eines wirklichen Zustandes und als Folge seine Veränderung.**
(Anmerkungen zu »Mahagonny«, 1930)

58 Mit Bekannten in Baden-Baden, 1927.
Obere Reihe: Kurt Weill, Frau Brügmann, Irene Eder, Georg
Rippberger, Ernst Wolf, Karl Griebel; mittlere Reihe: Brecht,
Heinrich Burkhard; untere Reihe: Lotte Lenya, Walter Brüg-
mann, Hannes Küpper

59 Mit Kapellmeister Heinrich Burkhard, Baden-Baden 1927
Brecht beteiligte sich auch in den folgenden Jahren an den
Festspielen der »Neuen Musik« in Baden-Baden.

Bert Brecht
charakteristischer Vertreter der radikalen
Jugend, Verfasser von „Trommeln in
der Nacht".

60 Mit Alfred Kerr und Hans Weichert, 1928
Am 15. April 1928 hielten Brecht, Kerr und Weichert im Sender
Berlin ein Gespräch über die »Not des Theaters«.
61 Brecht, Zigarettenbild, 1926
Ich schreibe Theaterstücke und lebe, von einigen kleinen
äußerst schlecht bezahlten Nebenarbeiten abgesehen, aus-
schließlich von Vorschüssen der Verlage, die in der Form von
Darlehen an mich gegeben werden. Da ich mit den Stücken
vorläufig beinahe nichts einnehme, bin ich bis über den Hals
meinen Verlagen gegenüber in Schulden geraten. Ich wohne in
einem kleinen Atelier in der Spichernstraße 16 und bitte Sie,
wenn Sie Reichtümer bei mir vermuten, mich zu besuchen.
(Brief an das Finanzamt, 6. Dezember 1927)
62 Baal, Berlin 1926
Aufführung der »Jungen Bühne« am Deutschen Theater Berlin,
Regie: Bertolt Brecht und Oskar Homolka, Bühnenbild: Caspar
Neher. Szene mit Oskar Homolka (Baal) und Gerda Müller.

LEOKADJA :   Guten Abend, meine Herren Soldaten . Ich bin die Witwe Begbick,
              und das ist mein Alewaggon , der, angehängt, an die grossen
              Militärtransports , über alle Geleise Indiens rollt , und weil
              man in ihm zugleich Ale trinken und zugleich fahren und dabei
              schlafen kann , heisst er: " Witwe Begbicks Alewaggon und von
              Heiderabàd bis Rangoon weiss man , dass er die Zufluchtsstätte
              manches beleidigten Soldaten war.

  (Türe rechts . Die Drei stehen in der Tür , schieben Galy Gay zurück)

URIA :   Ist das hier die Kantine des 8. Regiments ?

BEGBICK :   Das ist sie ! Seid Ihr nur drei ? Wo ist Euer vierter Mann ?
  (SIe heben zwei Tische auf und tragen sie brutal nach links , wo sie eine
  Art Verschlag bauen.)

JESSE :   Was ist der Sergant für ein Mann ?

BEGBICK :   Nicht nett !

POLLY :   Das ist aber unangenehm , dass der Sergant nicht nett ist .

BEGBICK :   Er heisst der blutige Fünfer , genannt der Tiger von Kilkoa ,
              der menschliche Taifun . Er ist zwar ein sehr sinnlicher Mensch
              und wenn er einen seiner Anfälle von Sinnlichkeit hat , ist
              er blind für alles, was um, vorgeht , aber, er hat einen unnatür-

63 »Mann ist Mann«, Typoskript mit Korrekturen Brechts, Überarbeitung 1929

Das Lustspiel »Mann ist Mann« schrieb Brecht 1924 bis 1926
unter Mitarbeit von Elisabeth Hauptmann sowie Emil Burri, Caspar Neher und Bernhard Reich. Elisabeth Hauptmann arbeitete
an zahlreichen weiteren Stücken Brechts mit und sorgte für die
Drucklegung seiner Werke.

64 Mit Freunden und Mitarbeitern, Spichernstraße 16, 1927.
Von links: Box-Weltmeister Paul Samson-Körner, Brecht, Box-
Manager Seelenfreund, Hans Borchardt, Hannes Küpper und
Elisabeth Hauptmann

**Ich selber arbeite fast alles mit anderen zusammen, ließ also
den Photographen zu einer Zeit kommen, wo ich das Zimmer
voll hatte, wenn auch nicht gerade zum Arbeiten.**
(Uhu, 1927)

65 Mit Elisabeth Hauptmann, 1927

**Sie besitzt eine außergewöhnliche sprachliche Begabung und
hat aktiv und kritisch an allen meinen dramatischen Arbeiten
mitgearbeitet, auch selber Novellen geschrieben. [. . .] Sie ist einer der verläßlichsten und tüchtigsten Menschen, die ich kenne.**
(Gutachten, 1934)

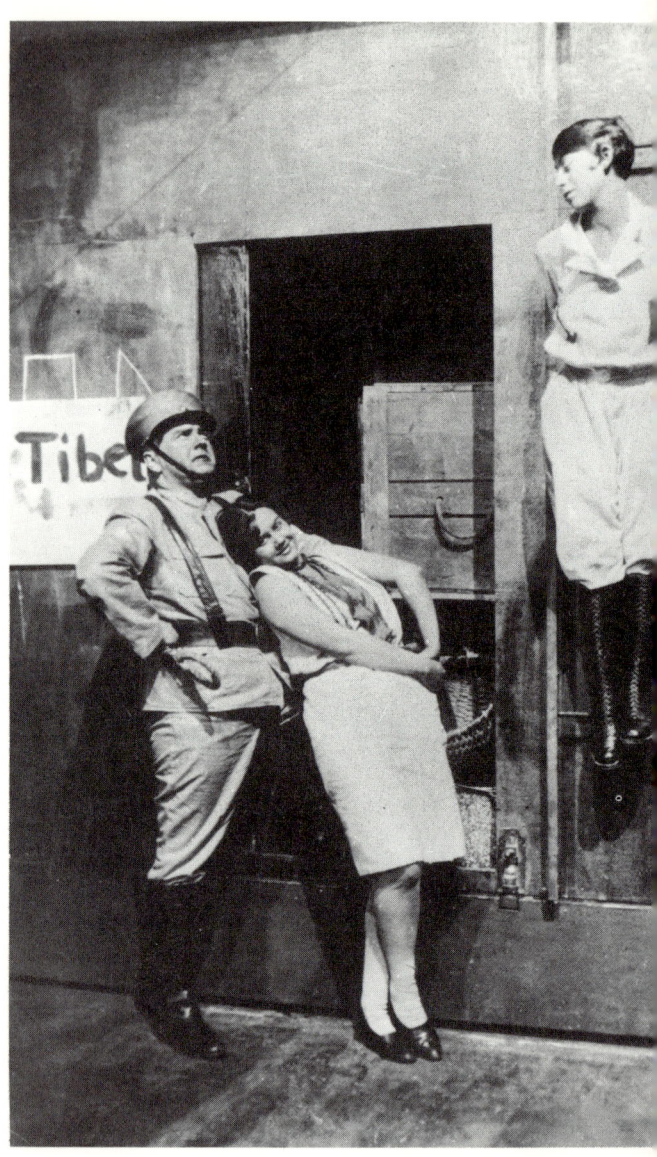

66 »Mann ist Mann«, Berlin 1928
Aufführung an der Volksbühne Berlin am 5. Januar 1928, Regie:
Erich Engel, Bühnenbild: Caspar Neher, mit Heinrich George
(Galy Gay) und Helene Weigel (Begbick). Das Szenenfoto
zeigt Helene Weigel mit Steffi Spira und Hans Leibelt (Fair-
schild).
67 Mit Helene Weigel und Heinrich George, 1927
Sie werden sicher auch sagen, daß es eher bedauernswert sei,
wenn einem Menschen so mitgespielt und er einfach gezwun-
gen wird, sein kostbares Ich aufzugeben, sozusagen das einzi-
ge, was er besitzt, aber das ist es nicht. Es ist eine lustige Sache. Denn dieser Galy Gay nimmt eben keinen Schaden, sondern er gewinnt. Und ein Mensch, der eine solche Haltung ein-
nimmt, muß gewinnen. Aber vielleicht gelangen Sie zu einer
ganz anderen Ansicht. Wogegen ich am wenigsten etwas ein-
zuwenden habe.
(Vorrede zu »Mann ist Mann«, 1927)

68 Brecht, etwa 1927
69–71 Brecht, Augsburg 1928

Für ein bestimmtes Theaterstück brauchte ich als Hintergrund die Weizenbörse Chicagos. Ich dachte, durch einige Umfragen bei Spezialisten und Praktikern mir rasch die nötigen Kenntnisse verschaffen zu können. Die Sache kam anders. Niemand, weder einige bekannte Wirtschaftsschriftsteller noch Geschäftsleute, [...] niemand konnte mir die Vorgänge an der Weizenbörse hinreichend erklären. [...] Das geplante Stück wurde nicht geschrieben. Statt dessen begann ich Marx zu lesen, und da, jetzt erst, las ich Marx. Jetzt erst wurden meine eigenen zerstreuten praktischen Erfahrungen und Eindrücke richtig lebendig. (Notiz 1935)

An dem Stück »Joe Fleischhakker« arbeitete Brecht 1926/1927.

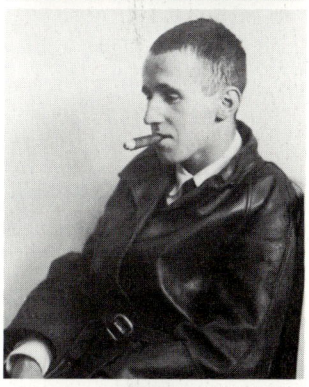

72 »Badener Lehrstück vom Einverständnis«, 1929
Am 28. Juli 1929 fand während der Baden-Badener Musikwochen unter der Regie von Brecht und der musikalischen Leitung von Ernst Wolff und Alfons Dressel die Uraufführung des Stückes statt. Links am Tisch: Brecht. Als Clowns spielten Theo Lingen und Karl Paulsen.
73 »Der Lindberghflug«, Berlin 1929
Konzertaufführung des Radiolehrstücks unter der Regie von Brecht und der musikalischen Leitung von Otto Klemperer. Wegen faschistischer Aktivitäten Lindberghs tilgte Brecht später den Namen und nannte das Lehrstück »Der Ozeanflug«.
Rechts auf der Bühne: Brecht.

Die letzte Bettler. Die Pfeffelebild herausstellen. – Die Lieber trauen. Die Polizei bedroht die Leute.

                    E r s t e r   A k t .   I . B i l d
                    - - - - - - - - - -

                    ~~V o r s p i e l~~

Moritat.

                    Und der Haifisch, der hat Zähne
                    Und die trägt er im Gesicht
                    Und Macheath, der hat ein Messer
                    Doch das Messer sieht man nicht

                    An nen schönen blauen Sonntag
                    Liegt ein toter Mann am Strand
                    Und ein Mensch geht um die Ecke
                    Den man Mackie Messer nennt.

74 Typoskript der Moritat aus der »Dreigroschenoper«, 1928
Die »Moritat des Räubers Mackie Messer« entstand während
der Proben des Stücks im Theater am Schiffbauerdamm.
75 Mit Lotte Lenya und Kurt Weill, 1928
Kurt Weill schrieb für die »Dreigroschenoper« und für zahlreiche weitere Stücke Brechts Musiken. Seine Frau, Lotte Lenya,
debütierte in der Uraufführung der »Dreigroschenoper« als
Schauspielerin in der Rolle der Spelunkenjenny.

❀❀❀❀❀❀❀❀❀❀❀❀❀❀❀❀❀❀❀❀❀

Theater am Schiffbauerdamm

Direktion: Ernst Josef Aufricht

Die Dreigroschenoper

(The Beggars Opera)

Stück mit Musik in einem Vorspiel und 8 Bildern nach dem
Englischen des John Gay.
ngelegte Balladen von François Villon und Rudyard Kipling

❀❀❀❀❀❀❀❀❀❀❀❀❀❀❀❀❀❀❀❀❀

Personen:

han Peachum, Chef einer Bettlerplatte	Erich Ponto
Peachum	Rosa Valent
, ihre Tochter	Roma Bahn
eath, Chef einer Platte von Straßen-	
nditen	Harald Paulsen
n, Polizeichef von London	Kurt Gerron
, seine Tochter	Kate Kühl
erweidenwalzer	Ernst Rotmund
zmatthias	Karl Hannemann
nfingerjakob	Manfred Fürst
robert	Josef Bunzel
ie	Werner Maschmeyer
	Albert Venohr

76 »Die Dreigroschenoper«,
Premiere im Theater am Schiff-
bauerdamm: 31. August 1928;
Regie: Erich Engel, Bühnenbild:
Caspar Neher
Szene mit Roma Bahn (Polly)
und Harald Paulsen
(Macheath).
77 Programmzettel der Urauf-
führung, 1928

Ich hoffe, die »3groschenoper«
wirkt aus der Ferne nicht allzu
aufreizend! Sie hat nichts Falsches an sich, eine gute alte
ehrliche Haut. Daß sie einge-
schlagen hat, ist sehr angenehm.
Es widerlegt die allgemeine
Ansicht, man könne das Publi-
kum nicht befriedigen – wor-
über ich ja etwas enttäuscht
bin.
(Brief an Piscator, 1928)

Ich verstehe nichts vom Operet-
tengewerbe; und man sollte
keine Kunst in dasselbe inve-
stieren.
Was »Die Dreigroschenoper«
betrifft, so ist sie – wenn nichts
anderes – eher ein Versuch,
der völligen Verblödung der
Oper entgegenzuwirken. Die
Oper scheint mir bei weitem
dümmer, wirklichkeitsfremder
und in der Gesinnung niedriger
als die Operette.
(Rundfrage, 1929)

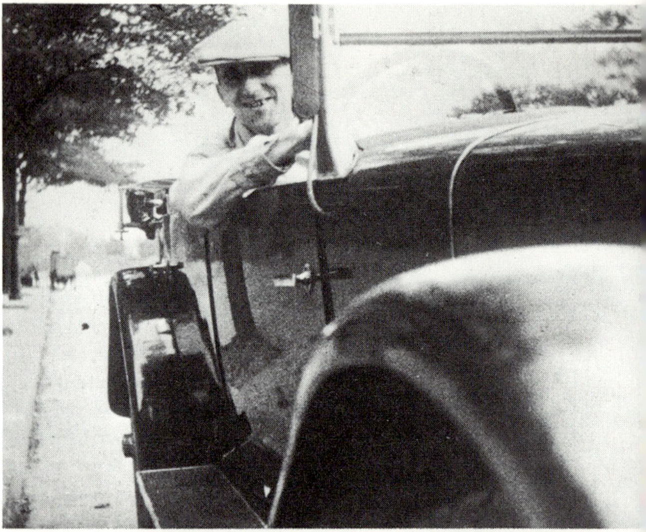

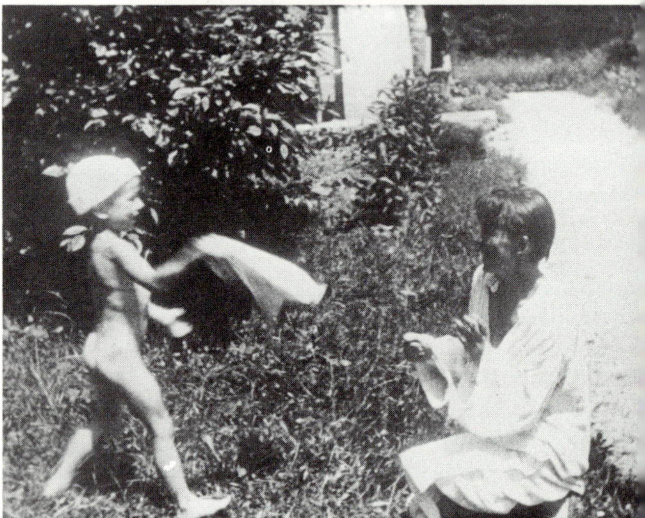

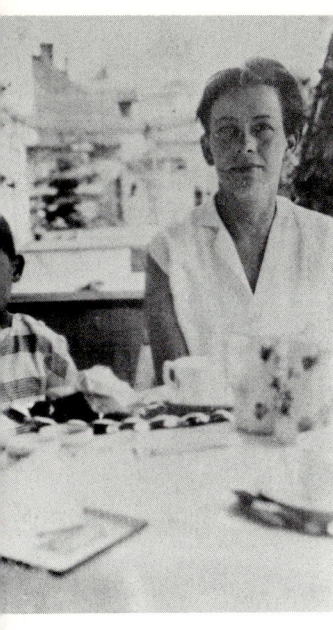

78 Brecht in seinem Steyr-Auto, etwa 1928
79–80 Helene Weigel mit Stefan, 1928

Ich wünsche Dir und mir ein gutes Jahr, das heißt gute neue Jahre! Ich glaube, daß Du ein wenig betrübt bist, weil auf dem Theater nichts los ist, aber ich glaube, Du weißt, daß ich ungeheuer viel von Dir halte, auch wenn ich es selten oder nie sage.

Liebe Helli, ich küsse Dich.
(Brief an Weigel, 1926)

Die Fotos sind sehr hübsch, Du mußt noch einige machen. Sind sie mit Deinem Apparat gemacht? Hier ist es langweilig bis zur Verzweiflung und Arbeit! Dieser »Fatzer« ist ein harter Bissen. Ich baue immer noch am Rahmen herum. Was tut ihr, wenn es regnet? Kannst Du Steff nicht mal zur Unterhaltung kahl scheren mit einer Maschine auf 3–5 Millimeter? Dadurch gewöhnt er sich an eine Kopfform!
(Brief an Weigel, 1928)

Am 10. April 1929 heiratete Brecht Helene Weigel.

81 Mit Erwin Piscator, Carola Neher und Herbert Jhering, 1929
Der Regisseur Erwin Piscator hatte Brecht für die Mitarbeit im
dramaturgischen Stab seines Theaters gewonnen.

**Was diese persönliche Stellung betrifft, so dürfen Sie sie nicht
mißverstehen. Ich bin nicht bereit, unter der literarischen Leitung
Gasbarras zu arbeiten, wohl aber unter der politischen. Ich bin
vieleicht Ihr Genosse, aber ich bin bestimmt nicht Ihr Dramaturg.**
(Brief an Piscator, 1927)

Der Theaterkritiker Jhering hatte 1922 geurteilt, daß mit Brecht
»das dichterische Antlitz Europas verändert« worden sei: »Mit
Bert Brecht ist ein neuer Ton, eine neue Melodie, eine neue
Vision in der Zeit.«

**Ich bin nämlich überzeugt, daß die Brechthausse ebenso auf ei-
nem Mißverständnis beruht wie die Brechtbaisse, die ihr folgen
wird. Inzwischen liege ich ziemlich ruhig in der Horizontale, rau-
che und verhalte mich ruhig. [...] Ich freue mich über jede Zeile
von Ihnen.**
(Brief an Jhering, 1922)

82 Mit Hanns Eisler, etwa 1930

Der Komponist Hanns Eisler arbeitete mit Brecht seit 1929 zusammen. Er komponierte die Musik zu den Stücken »Die Maß-
nahme«, »Die Mutter«, zum Film »Kuhle Wampe oder Wem gehört die Welt?« und später zu vielen weiteren Stücken Brechts.
**Die Musik Eislers ist keineswegs das, was man einfach nennt.
Sie ist als Musik ziemlich kompliziert, und ich kenne keine ernst-
haftere als sie. Sie ermöglichte in einer bewunderungswürdigen
Weise gewisse Vereinfachungen schwierigster politischer Probleme, deren Lösung für das Proletariat lebensnotwendig ist.**
(Schriften, 1935)

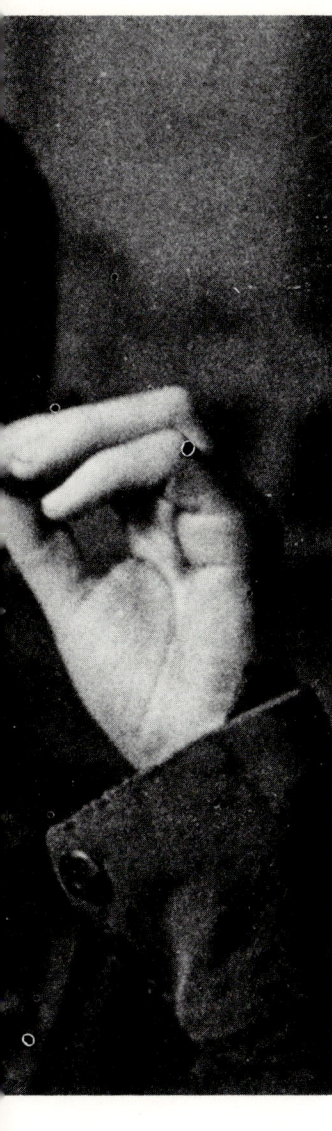

83 Brecht, 1931
84 »Fatzer«, Manuskript des
Chores VII, 1, etwa 1928
**unrecht ist menschlich / mensch-
licher aber / kampf gegen
unrecht! / machet aber doch
halt auch hier / vor dem menschen, laßt ihn / unversehrt.
den getöteten / belehrt nichts
mehr! /schabe nicht, messer, ab
/ die schrift mit der unreinheit /
du behältst / einzig ein leeres
blatt sonst / mit narben be-
deckt!**
(Untergang des Egoisten Johann
Fatzer, Ende 20er Jahre)

85 Brecht, 1931
Ich, der ich nichts mehr liebe
Als die Unzufriedenheit mit dem Änderbaren

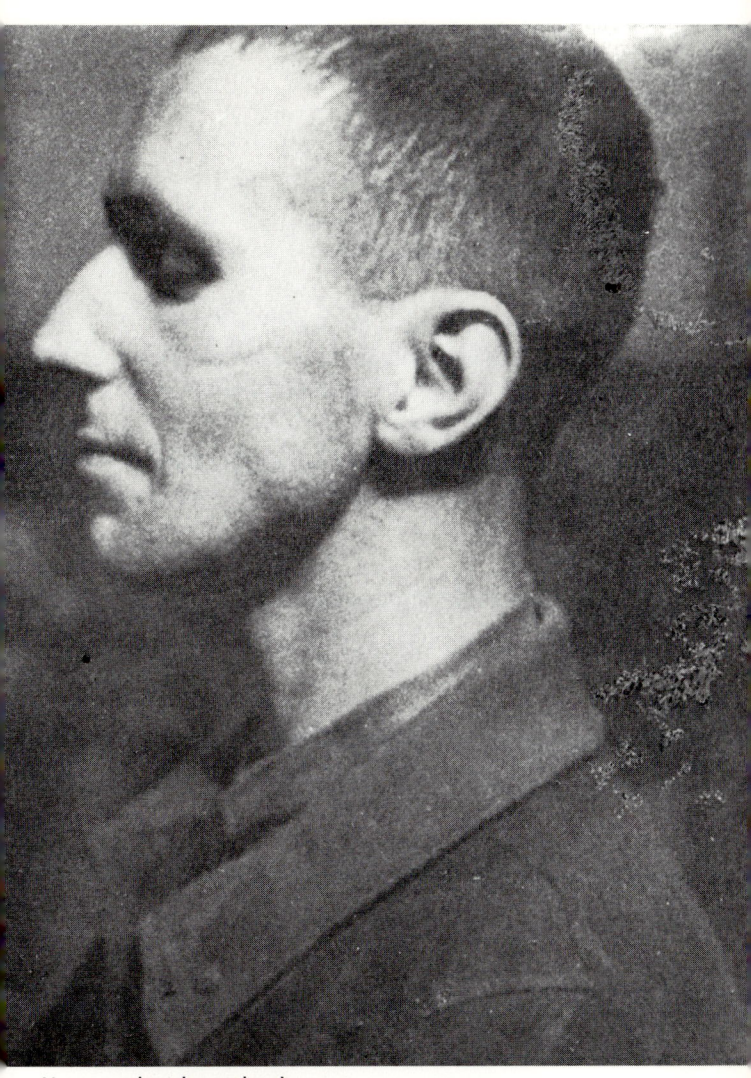

Hasse auch nichts mehr als
Die tiefe Unzufriedenheit mit dem Unveränderlichen.
(1931)

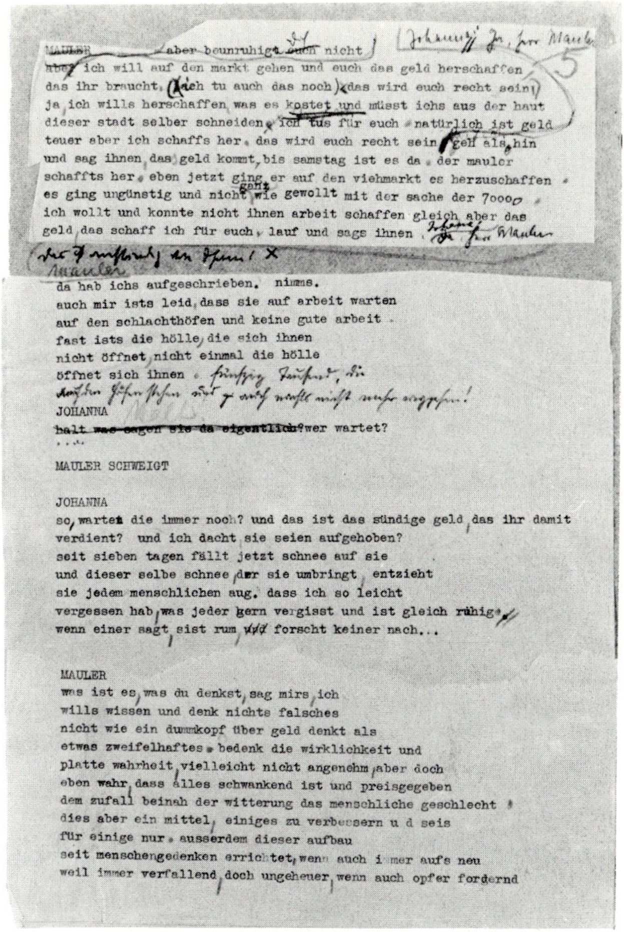

MAULER ———— aber beunruhigt euch nicht / [handwritten: Johanna zu den Mauler]
nur ich will auf den markt gehen und euch das geld herschaffen
das ihr braucht. (ich tu auch das noch) das wird euch recht sein/
ja ich wills herschaffen, was es kostet und müsst ichs aus der haut
dieser stadt selber schneiden. Ich tus für euch ■ natürlich ist geld
teuer aber ich schaffs her ■ das wird euch recht sein / geh als hin
und sag ihnen das geld kommt, bis samstag ist es da ■ der mauler
schaffts her ■ eben jetzt ging er auf den viehmarkt es herzuschaffen ■
es ging ungünstig und nicht ganz wie gewollt mit der sache der 7000
ich wollt und konnte nicht ihnen arbeit schaffen gleich aber das
geld das schaff ich für euch ■ lauf und sags ihnen [handwritten]

[handwritten line] X
[handwritten: mauler]
da hab ichs aufgeschrieben ■ nimms.
auch mir ists leid, dass sie auf arbeit warten
auf den schlachthöfen und keine gute arbeit .
fast ists die hölle die sich ihnen
nicht öffnet, nicht einmal die hölle
öffnet sich ihnen ■ [handwritten: fünfzig tausend, die]
[handwritten line]
JOHANNA
halt was sagen sie da eigentlich? wer wartet?
. . . .

MAULER SCHWEIGT

JOHANNA
so, warten die immer noch? und das ist das sündige geld das ihr damit
verdient? und ich dacht sie seien aufgehoben?
seit sieben tagen fällt jetzt schnee auf sie
und dieser selbe schnee der sie umbringt, entzieht
sie jedem menschlichen aug. dass ich so leicht
vergessen hab, was jeder kern vergisst und ist gleich ruhig ■
wenn einer sagt ist rum und forscht keiner nach...

MAULER
was ist es, was du denkst, sag mirs ich
wills wissen und denk nichts falsches
nicht wie ein dummkopf über geld denkt als
etwas zweifelhaftes ■ bedenk die wirklichkeit und
platte wahrheit, vielleicht nicht angenehm aber doch
eben wahr, dass alles schwankend ist und preisgegeben
dem zufall beinah der witterung das menschliche geschlecht ■
dies aber ein mittel, einiges zu verbessern u d seis
für einige nur ■ ausserdem dieser aufbau
seit menschengedenken errichtet, wenn auch immer aufs neu
weil immer verfallend, doch ungeheuer, wenn auch opfer fordernd

86 Brecht, Ende der zwanziger Jahre
87 »Die heilige Johanna der Schlachthöfe«, Typoskript mit Korrekturen Brechts und Elisabeth Hauptmanns, 1929

88 Mit dem Vater und dem Bruder Walter, Augsburg 1931
89 Die Haindlsche Papierfabrik Augsburg, Ende der 20er Jahre
90 Brechts Vater mit seinem Enkel Stefan, etwa 1931
Der Bruder Walter studierte Papierfabrikation und wurde in
den dreißiger Jahren zum Experten dieses Gebietes. Über
Brechts Vater heißt es in der Festschrift, die zum 100jährigen
Bestehen der Haindlschen Papierfabriken 1949 in Augsburg
herauskam: »1893 war er als Vierundzwanzigjähriger in die Firma gekommen und hat ihr bis zu seinem Tod, im April 1939, fast
46 Jahre als engster Berater ihrer Leiter angehört: ein kraftvol-
ler, lebens- und arbeitsfroher und dabei immer ein schlichter
und warmherziger Mann, umsichtig, von außerordentlichen ge-
schäftlichen Fähigkeiten und nie versiegendem Takt, ein glänzender Unterhändler, der, wenn er Kunden warb, Freundschaf-
ten für sich und seine Firma gewann, die auf gegenseitiges Ver-
trauen begründet waren und deshalb über Generationen Bestand hatten.«

91

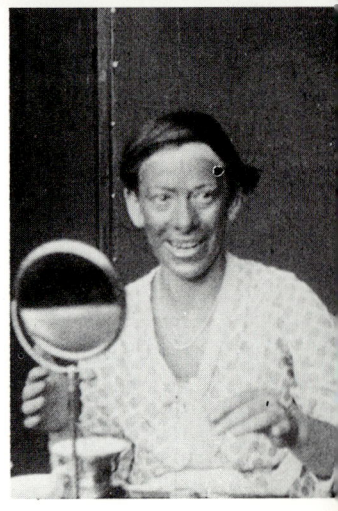

91/93 »Mann ist Mann«, Staatstheater Berlin, 1931
Helene Weigel (Begbick) mit Peter Lorre (Galy Gay) und mit
den Soldaten (Theo Lingen, Alexander Granach, Wolfgang
Heinz)
Das Stück wurde unter der Regie von Bertolt Brecht am 6. 2.
1931 in einer bearbeiteten Fassung aufgeführt.
92 Helene Weigel beim Schminken, etwa 1929
**Bei der Berliner Aufführung des Lustspiels »Mann ist Mann«, ei-
nes Stückes vom Parabel-Typus, wurden ungewöhnliche Mittel
angewendet. Die Soldaten und der Sergeant erschienen vermit-
tels Stelzen und Drahtbügeln als besonders große und besonders breite Ungeheuer. Sie trugen Teilmasken und Riesenhände.
Auch der Packer Galy Gay verwandelte sich ganz zuletzt in ein
solches Ungeheuer.**
(Zur Regie, 1931)

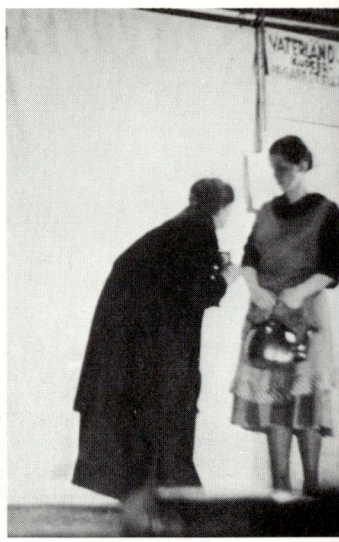

94 Margarete Steffin
95 »Die Mutter«, Helene Weigel als Pelagea Wlassowa mit
Margarete Steffin als Dienstmädchen, Berlin 1932

Am 12. Januar 1932 fand die Uraufführung der »Mutter« durch
die Gruppe Junger Schauspieler und die Aufricht-Produktion
statt, Regie führte Emil Burri zusammen mit Brecht. Neben Helene
Weigel spielten Ernst Busch (Pawel), Gerhard Bienert (Lehrer),
Theo Lingen (Polizeikommissar), das Bühnenbild entwarf
Caspar Neher.

Brecht lernte Margarete Steffin bei der Arbeit an der »Mutter«
kennen. Sie folgte ihm ins Exil und wurde seine wichtigste Mitarbeiterin in Skandinavien.

**Das Stück »Die Mutter«, aufgeführt am Todestag der großen
proletarischen Revolutionärin Rosa Luxemburg, ist mit seinen
Gesängen und Chören den für die proletarische Sache kämpfenden Arbeitern Deutschlands und insbesondere den kämpfenden
Frauen gewidmet.**

(Das Stück »Die Mutter«, 1932)

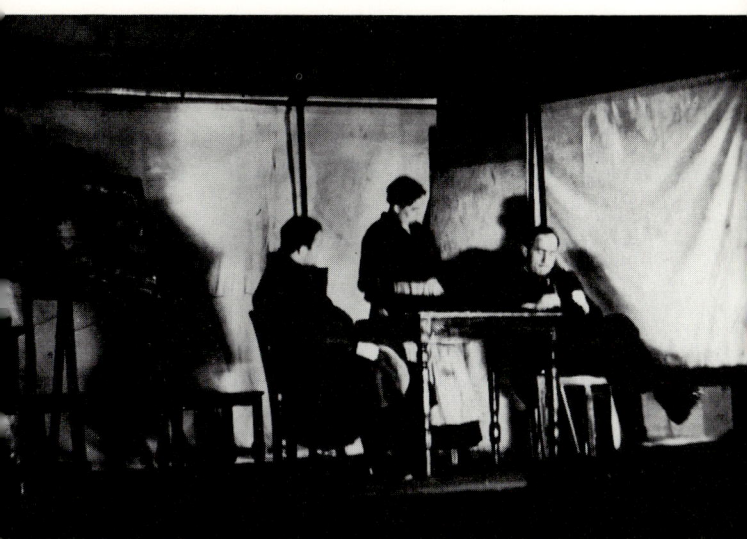

96 »Die Mutter«, Szene mit Helene Weigel, Reinhold Bernt
(Iwan Wessowtschikow) und Gerhard Bienert (Lehrer Nikolai
Wessowtschikow)

Schon als sie die erste ihrer neuen Gestaltungen vorführte, eine
alte Frau aus dem arbeitenden Volke, und dies so machte, daß
man bei alles, was sie tat, genau sehen konnte, was sie zu
ihrem Nachteil und was zu ihrem Vorteil tat, entstand im Audito-
rium, das nicht aus Arbeitern bestand, Unruhe. Die schönen,
wohleingerichteten Theaterbauten verschlossen sich von da an
vor ihr, und wenn sie in den Sälen der Vorstädte auftrat, leug-
neten die wenigen Kunstkenner, die ihr dorthin folgten, zwar
nicht ihre Kunst, fanden diese aber an geringwertige Gegen-
stände gewendet.
(Abstieg der Weigel in den Ruhm, 1938)

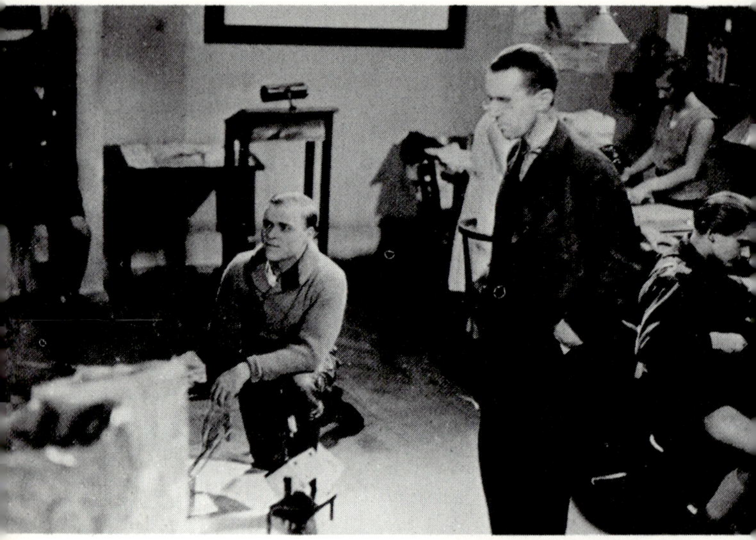

Illustrierter
Film-Kurier
ode
Wem gehör
die Welt –

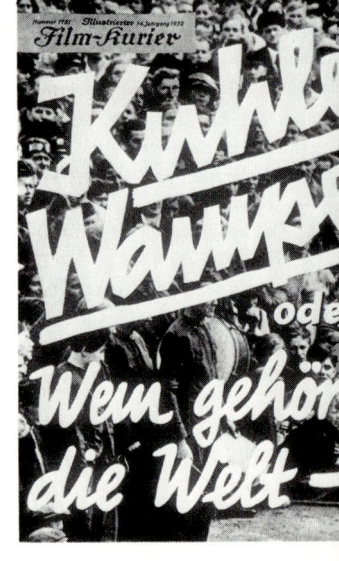

97 Mit dem Schauspieler Adolf Fischer und Laienspielern bei
Dreharbeiten zum Film »Kuhle Wampe oder Wem gehört die
Welt?«, Berlin 1931
98 Illustrierter Film-Kurier, 1932
99 Mit Hanns Eisler bei der Arbeit, 1931

Der Film wurde bei der Prometheus GmbH produziert und nach
deren Auflösung von der Praesens Film GmbH fertiggestellt. Am
31. 3. 1932 verbot die Filmprüfstelle Berlin die Aufführung des
Films, und die Film-Oberprüfstelle bestätigte darauf dieses
Urteil nochmals. Wegen der zahlreichen öffentlichen Proteste
gegen das Zensurverbot und wegen der Kürzungen der Filmfir-
ma wurde der Film schließlich am 21. 4. 1932 mit einigen Zen-
surauflagen freigegeben.

**Der Film »Kuhle Wampe« wurde von dem jungen Regisseur
S.Th. Dudow unter großen materiellen Schwierigkeiten hergestellt. [. . .] Als der Film fertig war, wurde er sofort von der Zensur verboten. Der Inhalt und die Absicht des Films geht am
besten aus der Aufführung der Gründe hervor, aus denen die
Zensur ihn verboten hat.**
(1932)

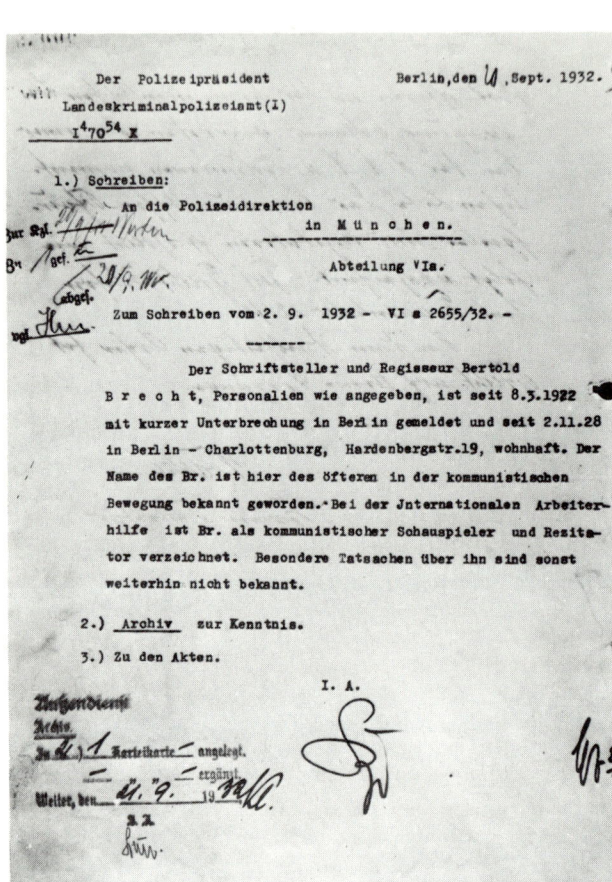

Der Polizeipräsident   Berlin, den ⸤⸥ , Sept. 1932.

Landeskriminalpolizeiamt(I)

I⁴ 70⁵⁴ x

1.) Schreiben:

    An die Polizeidirektion

                    in München.

                    Abteilung VIa.

    Zum Schreiben vom 2. 9. 1932 - VI s 2655/32. -

    Der Schriftsteller und Regisseur Bertold
    B r e c h t , Personalien wie angegeben, ist seit 8.3.1922
    mit kurzer Unterbrechung in Berlin gemeldet und seit 2.11.28
    in Berlin - Charlottenburg, Hardenbergstr.19, wohnhaft. Der
    Name des Br. ist hier des öfteren in der kommunistischen
    Bewegung bekannt geworden. Bei der Internationalen Arbeiter-
    hilfe ist Br. als kommunistischer Schauspieler und Rezita-
    tor verzeichnet. Besondere Tatsachen über ihn sind sonst
    weiterhin nicht bekannt.

    2.) Archiv zur Kenntnis.

    3.) Zu den Akten.

                            I. A.

100 Bericht des Polizeipräsidenten von Berlin über Brecht, 1932
101 Brecht, 1931
Seit seiner Parteinahme für das revolutionäre Proletariat wurde
Brecht vom Reichsinnenministerium beobachtet.

102 Brechts Landhaus in Utting
am Ammersee, 1932

**Etwa 50 Meter von meinem
Grundstück entfernt erhebt sich
über die Gesträucher wie eine
breite, grüne Wolke eine riesige Erle, die ich auch noch zu
meinem Besitz rechne, da von
einem bestimmten Punkt meines
Gartens aus ihr vielleicht voll-
kommenster Anblick gewährt
ist.**
(Notiz, 1932)

103 Mit der Frau Tretjakows,
Helene Weigel und Slatan Dudow, etwa 1932

104 Mit den Kindern Hanne,
Barbara und Stefan, 1932

Am 28. Oktober 1930 wurde
Brechts und Helene Weigels
Tochter Barbara geboren.

berlin, prinzregentenstraße 1 tr
febr. 33

‹ die akten sind gepackt ›

105 Brecht, Berlin, Februar 1933, mit der Aufschrift: »berlin, har-
denbergstr. 1 A febr. 33 ›die kisten sind gepackt‹«

Ich mußte Deutschland im Februar 1933, einen Tag nach dem
Reichstagsbrand, verlassen. Ein Exodus von Schriftstellern und
Künstlern begann, wie ihn die Welt noch nicht gesehen hatte.
(Anrede an den Kongreß für unamerikanische Betätigungen, 1947)

Skovsbostrand 1933–1939

Svendborg

Geflüchtet unter das dänische Strohdach, Freunde
Verfolg ich euren Kampf. Hier schick ich euch
Wie hin und wieder schon die Verse, aufgescheucht
Durch blutige Gesichte über Sund und Laubwerk.
Verwendet, was euch erreicht davon, mit Vorsicht!
Vergilbte Bücher, brüchige Berichte
Sind meine Unterlage. Sehen wir uns wieder
Will ich gern wieder in die Lehre gehn.

(1938)

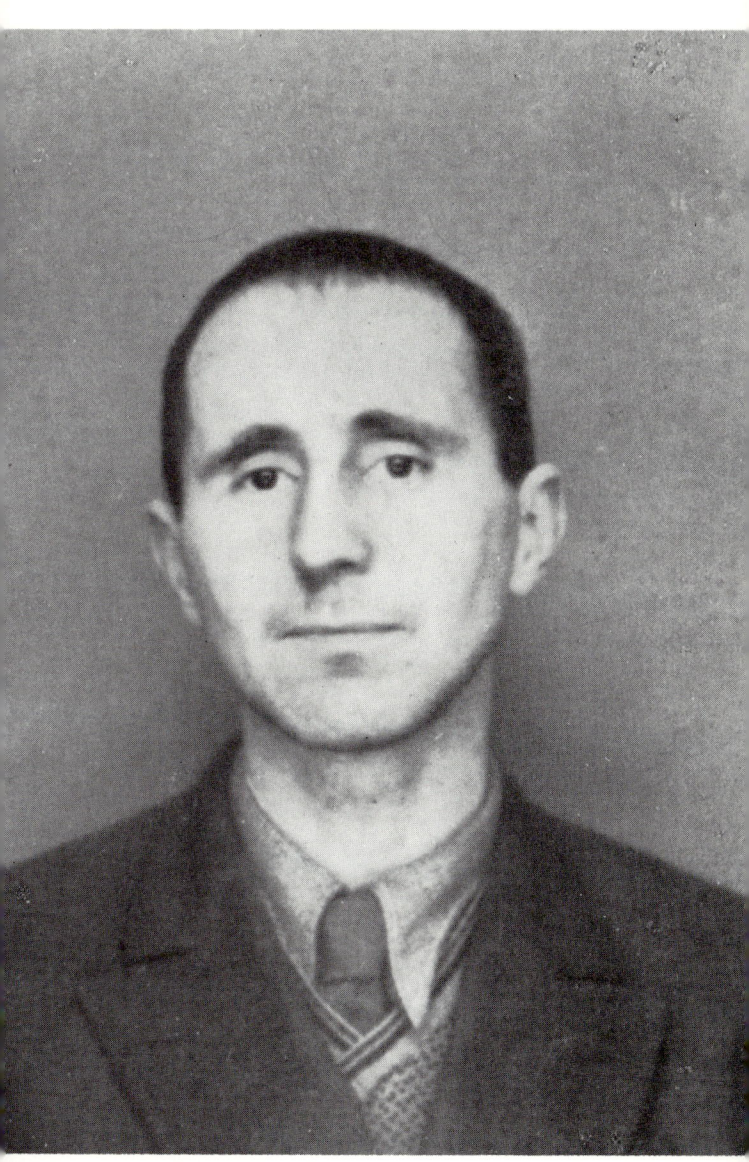

hier seht mich froh bei einem topfgericht
mich, der ich keinerlei gelüsten fröne
als dem nach weltherrschaft. mehr will ich nicht.
ich brauche nichts von euch als eure söhne.

[17607] **Bekanntmachung.**

Auf Grund des § 2 des Gesetzes über den Widerruf von Einbürgerungen und die Aberkennung der deutschen Staatsangehörigkeit vom 14. Juli 1933 (Reichsgesetzbl. I S. 480) erkläre ich in Einvernehmen mit dem Reichsminister des Auswärtigen folgende Reichsangehörige der deutschen Staatsangehörigkeit für verlustig, weil sie durch ein Verhalten, das gegen die Pflicht zur Treue gegen Reich und Volk verstößt, die deutschen Belange geschädigt haben: Abraham, Max, geb. am 27. April 1904; Brecht, Bertold (Bert), geb. am 10. Februar 1898; Dr. Broßzyner Isaak David, geb. am 4. Oktober 1898; Dr. Budzislawski, Hermann, geb. am 11. Februar 1901; Bussemeyer, Friedrich Peter, geb. am 25. Februar 1906; Crumkerl, Siegmund, geb. am 19. Februar 1892; Fehrl, Gustav, geb. am 23. Dezember 1890; Dr. Goldmann Rachum, geb. am 10. Juli 1894; Gruschwitz, Max, geb. am 9. Oktober 1892; Günther, Eduard Wilhelm Gustav, genannt Albert Günther, geb. am 11. Mai 1869; Dr. Hänzschel, Kurt Emil Richard, geb. am 13. Juli 1889; Dr. Hegemann, Werner, geb. am 15. Juni 1881; Dr. Hilferding, Rudolf, geb. am 10. August 1877; Dr. Hille, Kurt, geb. am 17. August 1885; Hirsch, Werner Daniel Heinrich, geb. am 7. Dezember 1899; Dr. Hodann, Max, geb. am 30. August 1894; Höltermann, Karl, geb. am 20. März 1894; Joel, Hans, geb. am 1. November 1892; Kummer, Friedrich, geb. am 1. Juni 1875; Levi Kurt, genannt Lenz, geb. am 23. Juni 1901; Lißmann, Max Heinz, geb. am 27. August 1905; Mann, Erika, geb. am 9. November 1905; Dr. Marck, Siegfried, geb. am 9. März 1889; Mehring Walter, geb. am 29. April 1896; Müßam, Kreszentia, geb. Elfinger, geb. am 28. Juli 1884; Ollenhauer, Erich, geb. am 27. März 1901; Pfemfert, Franz Gustav Hugo, geb. am 20. November 1879; Schiff, Viktor, geb. am 21. Februar 1895; Schneider, Peter Josef, geb. am 18. März 1882; Seehof, Arthur, geb. am 9. April 1892; Steinfeld, Justin, geb. am 27. Februar 1886; Westheim, Paul, geb. am 7. August 1886; Dr. Wolf, Friedrich, geb. am 23. Dezember 1888; Dr. Wolff, Arthur, geb. am 29. April 1888; Haskiel, David, geb. am 16. August 1900; Freiherr von Reblitz-Neukirch, Dietrich, geb. am 7. Juli 1893. Der Verlust der deutschen Staatsangehörigkeit wird ausgedehnt auf die Ehefrauen: Esera Chaja Pfemfert, geb. Ramm, geb. am 31. März 1883, und Betty Schneider, geb. Lüddemann, geb. am 5. Juni 1894. Das Vermögen sämtlicher obengenannten Personen wird hiermit beschlagnahmt. Die Entscheidung darüber, inwieweit der Verlust der deutschen Staatsangehörigkeit sonst noch auf Familienangehörige auszudehnen ist, bleibt vorbehalten. I A 5541/5013 e.

Berlin, den 8. Juni 1935.

Der Reichsminister des Innern.

Seite 105: 106 Brecht, Paßfoto, 1934

107 Fotogramm aus dem »Arbeitsjournal«

108 Bekanntgabe der Ausbürgerung Brechts, 1935

In einer Verfügung des Reichsministeriums des Innern vom
8. Juni 1935 wurde Brecht, kurz danach seine Frau und der Sohn
Stefan, ausgebürgert. Das in Deutschland befindliche Vermögen wurde beschlagnahmt.

109 Bücherverbrennung, 10. Mai 1933

Die Verfolgung auf dem Gebiet der Kultur nahm gradweise zu.
Bekannte Maler, Verleger und Zeitschriftenherausgeber wurden
gerichtlich verfolgt. An den Universitäten wurden politische
Hexenverfolgungen inszeniert, gegen Filme wie »Im Westen
nichts Neues« Kesseltreiben veranstaltet. Dies waren natürlich
nur Vorbereitungen zu drastischeren Maßnahmen. Als Hitler die
Macht ergriff, verbot man Malern das Malen, Schriftstellern das
Schreiben, und die Nazipartei riß die Verlage und Filmstudios
an sich.

(Anrede an den Kongreß für unamerikanische Betätigungen, 1947)

110 Lion Feuchtwanger mit Helene Weigel, 1933

Brecht war einen Tag nach dem Reichstagsbrand, am 28. Februar 1933, mit Helene Weigel und Stefan aus Deutschland geflohen. Die Tochter Barbara, die zu diesem Zeitpunkt nicht bei ihren Eltern war, wurde von einer englischen Quäkerin später über die Grenze geschmuggelt. Brecht war dann von Wien allein in die Schweiz gefahren, um mit Hilfe anderer exilierter Schriftsteller einen Zufluchtsort zu suchen. Wegen der Enteignung der Emigranten durch die Nationalsozialisten konnten Brecht und seine Familie nicht in dem teuren Land bleiben. Eine Zeitlang wohnten Brecht und seine Familie bei Kurt Kläber und Lisa Tetzner in Carona.

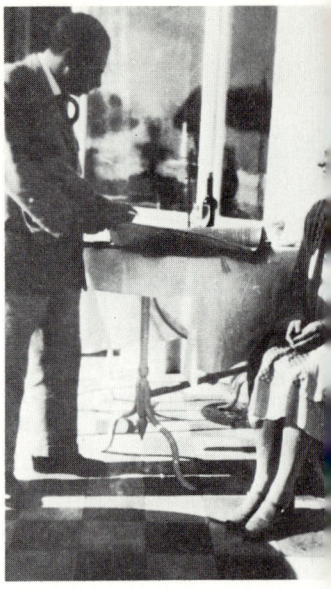

Bei Kläbers in der Nähe in Carona ist Wohnen sehr schön und sehr billig, aber das ist nur 3mal tägl. mit Autobus ziemlich teuer erreichbar, letzter abends 6 Uhr. Mit Auto wunderbar. (Vielleicht bringt Brentano das seine, aber auf den soll man sich nicht verlassen!) Ich wäre jetzt froh, wenn wir alle zusammen wären.
(Brief an Weigel, 1933)

111 Mit Marta Feuchtwanger, Lugano, 1933

Ich war in Paris, wo ich zusammen mit Weill einen Auftrag hatte; ich traf aber nur Eisler und Seghers. Es gibt sehr hübsche und billige Wohnungen dort, und die Stadt hat mir, da ich diesmal beschäftigt war, sehr gefallen; wahrscheinlich gehen wir im Herbst doch dorthin. Die Schweiz ist zu teuer, hat keine Städte und ist eine Theaterdekoration (aber ohne Bühnenarbeiter).

(Brief an M. v. Brentano, April 1933)

Seit etwa 4 Wochen bin ich in der Schweiz, vorher war ich kurz in Prag, länger in Wien, eine Woche in Paris. Unter den Genossen habe ich überall nicht wenig Wirrwarr angetroffen, nach so kurzer Zeit schon Gegeneinanderarbeiten, Mißtrauen, Skepsis oder Illusionen. Die Berufspolitiker scheinen fast alle in Deutschland geblieben zu sein, aber mit ihnen gibt es wenig Verbindung; vorläufig hindert die Existenz der Partei eher den Zusammenschluß der Emigrierten, als daß sie ihn fördert, man wartet auf Direktiven, Linien, Abrechnungen, Umgruppierungen usw. usw. Es ist alles zentralisiert, und das Zentrum antwortet nicht.

(Brief an Tretjakow, April 1933)

Skovsbostrand 1933 – 1939

112 Mit Karin Michaelis, 1934
113 Helene Weigel vor dem Haus in Skovsbostrand, 1934
114 Ansicht des Hauses mit Handschrift Brecht
Die dänische Schriftstellerin Karin Michaelis, seit 1919 mit Helene Weigel befreundet, brachte Familie Brecht zunächst in Thu-
rö unter. Am 9. August kaufte Brecht durch ihre Vermittlung das
Haus in Svendborg auf der Insel Fünen.

115/116 Brechts Arbeitszimmer, Fensterfront
117 Bibliothek im Arbeitszimmer

Die Insel Fünen wird der Garten Dänemarks genannt. So weit
man blickt, ist alles grün, und, was wichtiger ist, die Leute haben
gute Handelsverträge mit England. Die Obstbäume müssen mit
Hölzern gestützt werden, und die Fischer stechen mit Lanzen in
das Sundwasser und holen in einigen Stunden Dutzende von
Aalen heraus. Ich kann gut leben, habe einen 500 Seiten langen Roman geschrieben und, was wichtiger ist, ich habe einen
guten Handelsvertrag mit einem holländischen Verlag. Dennoch
plane ich fortwährend Schläge gegen die Verbrecher, die im
Süden hausen, verstehst Du? Ich höre jeden ihrer Vorträge im
Radio, lese ihre Gesetzentwürfe und sammle ihre Fotografien.
(Brief an Grosz, 2. September 1934)

113

118 Helene Weigel mit Margarete Steffin
119 Brecht, 1935

Margarete Steffin, die gleich-
falls nach Dänemark ins Exil
kam, beteiligte sich bei der
Arbeit an allen Stücken, die
von 1933–1941 entstanden,
übersetzte Martin Andersen
Nexös »Erinnerungen«, die sie
zusammen mit Brecht heraus-
gab, und schrieb eigene
Geschichten und Theaterstücke
für Kinder.

**Wenn ich bedenke, wozu mich
das begeisterte Mitgehen geführt hat und was mir das
oftmalige Prüfen genützt hat, so
rate ich zum zweiten. Hätte ich
mich der ersten Haltung überlassen, dann lebte ich noch in
meinem Vaterland, da ich aber
die zweite Haltung nicht einge-
nommen hätte, wäre ich kein
ehrlicher Mensch mehr.**
(Tagebücher, 1934)

120 Mit Stefan und dem Vater, Skovsbostrand 1934
121 Steff und Barbara im ersten Jahr des Exils (1933)
Foto aus dem »Arbeitsjournal«
122 Mit Rudolf Hartmann und Georg Pfanzelt, 1934

Im ersten Jahr des Exils gab es noch Möglichkeiten von Reisen ins Ausland. Brecht wurde von seinem Vater und von Augsburger Schulfreunden besucht.

Ich bin jetzt 36 Jahre alt und habe diese Jahre nicht müßig verbracht; das kann ich sagen, wenn ich weniger meiner Leistungen und mehr meiner Mühen gedenke und wenn ich für manches zur Entschuldigung anführe, daß ich in einer Zeit lebe, wo man nicht nur leicht Zeit vergeudet, sondern auch um solche bestohlen wird. Ich habe nicht für mich gelebt, sondern in großer Öffentlichkeit, denn seit meinem 21. Lebensjahr bin ich durch literarische Werke und manche Unternehmung, die damit zusammenhängt, bekannt geworden. Auch habe ich schon Schüler und habe oft andere beraten oder geleitet.

(Tagebücher, 1934)

123 Mit Frans Masereel und Sergej Tretjakow, Moskau 1935
Bei einer Vortragsreise in die Sowjetunion, bei der er von seinem Freund, dem Schriftsteller Sergej Tretjakow (rechts), beglei-
tet wurde, traf er auch mit Frans Masereel (links neben Brecht)
zusammen. Vor Masereel die bekannte Fallschirmspringerin
Kamenew.

Selbst in den wenigen Wochen, die ich in Moskau war, hat sich
das Gesicht der Stadt deutlich verändert. Aber man sieht nicht
nur diese Änderungen, den steten Aufschwung. Man sieht auch
die große historische Grundänderung gegenüber der alten
Welt. Es gibt Veränderungen, die betreffen Tage, Jahre. Hier
betreffen die Veränderungen Jahrhunderte, Jahrtausende. Ich
kann mir vorstellen, daß es dabei große Schwierigkeiten gegeben hat, die den Ruhm noch vermehren.
(Die Wirklichkeit übertrifft alles, 1935)

124 Mit Johannes R. Becher, Ilja Ehrenburg und Gustav Regler,
Paris 1935
Brecht nahm am I. Internationalen Schriftstellerkongreß zur Ver-
teidigung der Kultur in Paris teil.

Diejenigen unserer Freunde, welche über die Grausamkeiten
des Faschismus ebenso entsetzt sind wie wir, aber die Eigentumsverhältnisse aufrechterhalten wollen oder gegen ihre Auf-
rechterhaltung sich gleichgültig verhalten, können den Kampf
gegen die so sehr überhandnehmende Barbarei nicht kräftig und
nicht lang genug führen, weil sie nicht die gesellschaftlichen Zu-
stände angeben und herbeiführen helfen können, in denen die
Barbarei überflüssig wäre. Jene aber, welche auf der Suche
nach der Wurzel der Übel auf die Eigentumsverhältnisse
gestoßen sind, sind tiefer und tiefer gestiegen, durch ein Inferno
von tiefer und tiefer liegenden Greueln, bis sie dort angelangt
sind, wo ein kleiner Teil der Menschheit seine gnadenlose Herr-
schaft verankert hat. Er hat sie verankert in jedem Eigentum des
einzelnen, das zur Ausbeutung des Mitmenschen dient und das
mit Klauen und Zähnen verteidigt wird, unter Preisgabe aller
Gesetze menschlichen Zusammenlebens überhaupt, um welche
die Menschheit so lang und mutig verzweifelt gekämpft hat.
(Rede, Paris 1935)

119

125 Brecht mit Helene Weigel und Freunden, Kopenhagen 1936
Die dänische Malerin Maria Hjuler (in der vorderen Reihe
rechts neben Brecht) lud deutsche Emigranten nach Kopenhagen ein. Links neben Brecht die Schriftstellerin Karin Michaelis,
rechts außen Hermann Duncker, der Mitbegründer des Sparta-
kusbundes und der KPD, den Brecht bei Besuchen der marxisti-

schen Arbeiterschule (MASCH) kennengelernt hatte, hier ein
Jahr nach seiner Entlassung aus faschistischer Haft im Zucht-
haus Brandenburg. Helene Weigel (hintere Reihe, dritte von
links) blickt auf die dänische Journalistin Merete Bonnesen
(»Politiken«), rechts neben ihr die Schriftstellerin Auguste Lazar.

126 »Die Mutter«, New York 1935
127 Plakat der Aufführung
Am 19. November 1935 fand die Aufführung des Stückes durch die Theatre Union im Civic Repertory Theatre New York statt, Regie: Victor Wolfson, Bühnenbild: Mordecai Gorelik, mit Helen Henry. Brecht war zu den Proben nach New York gekommen, konnte aber zusammen mit Hanns Eisler, der nach New York emigriert war, keinen Einfluß auf Bühnenfassung und Inszenierung nehmen.
128 Brecht, London 1936

129 Mit Helene Weigel, Kopenhagen 1936
130 Faksimile eines Gedichts für Helene Weigel, etwa 1938
Transkription:

der Verläßlichen, der die Polizei
den Mund zuhielt
der Unerschrockenen, die den Unterstand baute mit dem Strohdach, das Gesicht nach Süden gewandt
der freundlichen und verständigen
welche die Kinder zu freundlichen machte und zu verständigen
der Warmherzigen
b. (An Helene Weigel)

Resolution
Werte Genossin, der Gatten- und Söhnerat hat beschlossen, Dich aufzufordern, nach Erledigung Deiner Obliegenheiten ohne Verzug zurückzukehren und Deine Tätigkeit hier wieder aufzunehmen. Du hast Dich also baldmöglichst bei Untingen zu melden. Mit revolutionärem Gruß
Steff
bidi
(Brief an Weigel, November 1937)

Helene Weigel fuhr nach der Uraufführung von »Die Gewehre der Frau Carrar« 1937 in Paris nach Zürich, Wien und Prag zu Verwandten und verhandelte in Brechts Auftrag mit Verlegern.

Der Bestäfiglichen, der die Polizei
den Wind zähtelt
der Unerschrockenen, die den
Unterstand baute mit dem Wach-
dach. Das Gesicht nach Süden
gewandt
der freundlichen und aufständigen
welche die Kinder zu freundlichen macht und zu aufständigen
der Warmherzigen

125

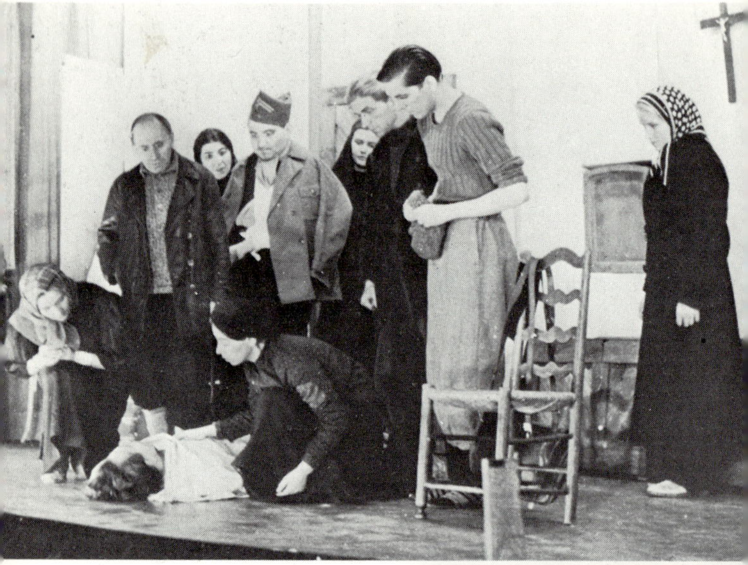

131 »Die Gewehre der Frau Carrar«, Paris 1937
Die Uraufführung des Stückes fand am 16. Oktober 1937 unter
dem Protektorat des Schutzverbandes Deutscher Schriftsteller
statt, Regie: Slatan Dudow, mit Helene Weigel als Teresa Carrar.

**Helli war besser als je, sie hat nichts eingebüßt durch die Pause
und war froh darüber. Ihr Spiel war das Beste und Reinste, was
bisher an epischem Theater irgendwo gesehen werden konnte.**
(Brief an Korsch, etwa Oktober 1937)

132 »Die Gewehre der Frau Carrar«, Kopenhagen 1938
Im Arbeitertheater Kopenhagen wurde von Brecht und Ruth
Berlau das Stück mit Helene Weigel und exilierten Deutschen
inszeniert.

133 Ruth Berlau mit Helene Weigel und Dagmar Andreasen, 1938
Ruth Berlau hatte »Die Gewehre der Frau Carrar« bereits
im Dezember 1937 mit dem Arbeitertheater Kopenhagen mit
Dagmar Andreasen als Carrar inszeniert. Ruth Berlau folgte
Brecht durch alle Stationen des Exils und arbeitete, besonders
im amerikanischen Exil, an einigen Stücken mit.

der zweifler

immer wenn

die antwort auf eine frage gefunden schien
löste einer von uns an der wand ~~die alte~~ die schnur
aufgerollte chinesische leinwand, sodass sie herabfiel und
sichtbar wurde der mann auf der bank, der
so sehr zweifelte.

ich, ~~schien er zu sagen, bin~~
der zweifler. ich zweifle, ob
die arbeit gelungen ist, die eure tage verschlungen hat.
ob, was ihr gesagt, auch schlechter gesagt, noch für einige wert hätte.
ob ihr es aber gut gesagt und euch nicht etwa
auf die wahrheit verlassen habt, dessen, was ihr gesagt habt.
ob es nicht viel-deutig ist, für jeden möglichen irrtum
tragt ihr die schuld. es kann auch zu eindeutig sein
und den wiederspruch aus den dingen entfernen; ist es zu eindeutig?
lässt es auch nüchtern? ist es am morgen zu lesen?
ist es auch angeknüpft an vorhandenes? sind die sätze, die
vor euch gesagt, benutzt, wenigstens widerlegt? ist alles belegbar?
durch erfahrung? durch welche?/aber vor allem
immer wieder vor allem andern: wie handelt man
~~wenn man das macht was ihr sagt oder~~ wenn man euch glaubt? wie handelt man?

nachdenklich betrachteten wir den zweifelnden
blauen mann auf der leinwand, sahen uns an und
begannen von ~~neuem~~ vorne

seid ihr wirklich im fluss des geschehens?/
allem was wird? werdet i h r noch? wer seid ihr?
sprecht ihr? wem nützt es, was ihr da sagt?

und, nebenbei:

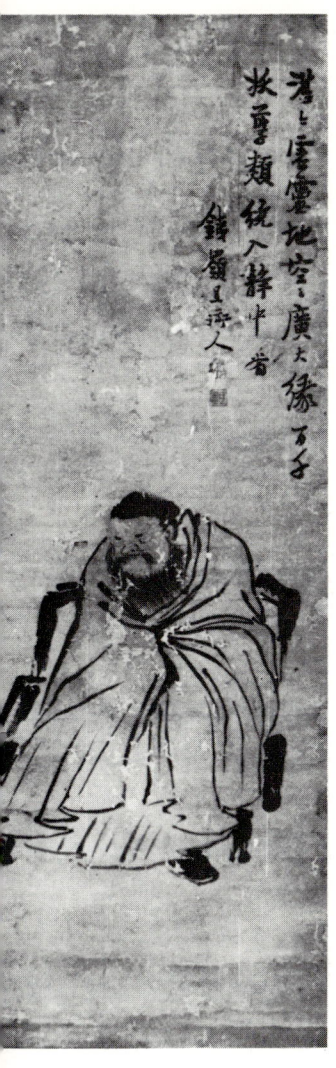

134 »Der Zweifler«, Typoskript
des Gedichts mit handschrift-
lichen Korrekturen Brechts
135 Rollbild »Der Zweifler«
Brecht hat das chinesische
Rollbild durch alle Orte
des Exils mitgenommen. Es
hängt jetzt im Schlafzimmer
seiner letzten Wohnung, Berlin,
Chausseestraße 125.

136 Mit Ruth Berlau, etwa 1938
Benjamin behauptet, Freud sei
der Meinung, die Sexualität
werde einmal überhaupt
absterben. Unsere Bourgeoisie
ist der Meinung, sie sei die
Menschheit. Als der Kopf des
Adels fiel, stand ihm wenig-
stens noch der Schwanz. Der
Bourgeoisie ist es gelungen, so-
gar die Sexualität zu ruinieren.
Ich helfe eben Ruth, einen Band
Novellen mit dem Titel »Jedes
Tier kann es« fertigzustellen.
70% aller Frauen sollen frigid
sein. Wir haben gute Titel [...]
Unproduktivität der Technik.
Der Orgasmus als Glücksfall.
(Arbeitsjournal, 13. August 1938)
137 »Winterhilfe«, Szene mit
Helene Weigel als Alte Frau,
rechts der Schriftsteller Ludwig
Turek als SA-Mann
Einige Stücke der Szenenfolge
»Furcht und Elend des Dritten
Reiches« wurden im Mai 1938
unter dem Titel »99%« uraufge-
führt, Regie: Slatan Dudow,
Musik: Paul Dessau.
138 Faksimilé des Gedichts
»Die Schauspielerin«, das
Brecht 1934 für Helene Weigel
geschrieben hat.

[handschriftlicher Text, unleserlich]

139 Mit Margarete Steffin

Zu euch kam ich als Lehrer, und als Lehrer
Hätte ich von euch gehn können. Da ich aber lernte
Blieb ich. Denn auch später
Fliehend unter das dänische Strohdach
Ging ich doch nicht von euch.
Und eine von euch
Habt ihr mir mitgegeben. Daß sie prüfe
Alles, was ich sage; daß sie verbessere
Jede Zeile von nun an
Geschult in der Schule der Kämpfer
Gegen die Unterdrückung. Seitdem unterstützt sie mich –
Schwacher Gesundheit, aber
Fröhlichen Geistes, unbestechlich
Auch von mir. Oftmals
Streiche ich lachend selber eine Zeile durch, schon ahnend
Was sie darüber sagen würde.
(Die gute Genossin M. S., 1937)

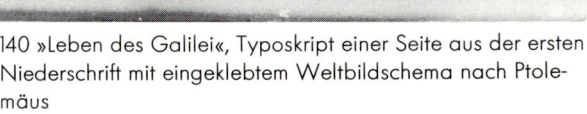

ANDREA: damit zeige ich ihr doch, dass sie sich dreht!

GALILEO: schau einmal da durch, andrea!

(andrea schaut durch)

ANDREA: da ist ja alles ganz nah! der kirchturm und der hahn!

GALILEO: (sieht wieder durch): dass du den apfel nicht aufgegessen hast, beweist, dass in dir ein mathematiker steckt. sinn für brotlose kunst. ich werde dich ausbilden. das ding ist 500 skudi wert.

ANDREA (den er noch einmal durchschauen lässt): man sieht ganz deutlich. jetzt kommt der gerichtsvollzieher herr gambione auf das haus zu.

GALILEI: schnell steck du die 45 skudi ein!

140 »Leben des Galilei«, Typoskript einer Seite aus der ersten Niederschrift mit eingeklebtem Weltbildschema nach Ptolemäus
Margarete Steffin arbeitete im dänischen Exil an dem Schauspiel mit.

141 Brecht, 1938

30 Jahre sind nicht zu viel für das noch zu Schaffende. Denn da muß noch ein Haufen Aktuelles dazwischendrin gemacht werden. So fehlt ein kleiner Roman für die proletarische Jugend mit Helden, am besten einem Kind, es kann auch Koloman Wallisch sein. Und dabei schickt sich der Anstreicher an, die Welt zu erobern. Gestern haben die großen Deutschen Manöver begonnen, die Probemobilmachung.

(Arbeitsjournal, 16. August 1938)

Nach diesen Ostern breche ich meinen Aufenthalt in Fünen endgültig ab. Ich habe mein kleines Haus zum Verkauf ausgeschrieben, die Formalitäten sind natürlich zeitraubend. Dann ist das Packen der Bücher und Möbel, und die Papiere für die Kinder müssen in Ordnung kommen. Sie sollen zunächst nach Kopenhagen, da ist wenigstens ein Sund weniger zu überqueren.

(Brief an Matthis, April 1939)

142 Faksimile einer ersten Niederschrift des Gedichts »In die Städte kam ich . . .«, 1934
Transkription:

1

in die städte kam ich zu der
                    zeit der unordnung
als da hunger herrschte
                    war + zwietracht
unter die menschen kam ich zur
                    zeit des aufruhrs
mein mittagsmahl nehme ich
                    zwischen den schlachten
und schlafen lege ich mich zwi-
                    schen die mörder
und ich empörte mich mit ihnen

so verging meine zeit
                    die auf diesem stern mir be-
                    schert

2

der liebe pflegte ich in der
                    zwischenzeit
und die natur sah ich ohne
                    geduld
so verging . . .

3

die straßen führten in den sumpf
                    zu meiner zeit
die sprache verriet mich den
                    henkern
ich vermochte nur wenig die

Das Gedicht wurde 1938 in einer bearbeiteten Fassung als Teil II von »An die Nachgeborenen« eingearbeitet.

Lidingö 1939–1940

Über Deutschland

Ihr freundlichen bayrischen Wälder, ihr Mainstädte
Fichtenbestandene Rhön, du, schattiger Schwarzwald
Ihr sollt bleiben.
Thüringens rötliche Halde, sparsamer Strauch der Mark
und
Ihr schwarzen Städte der Ruhr, von Eisenkähnen durch-
zogen, warum
Sollt ihr nicht bleiben?
Auch du, vielstädtiges Berlin
Unter und über dem Asphalt geschäftig, kannst bleiben
und ihr
Hanseatische Häfen bleibt und Sachsens
Wimmelnde Städte, ihr bleibt und ihr schlesischen Städte
Rauchüberzogene, nach Osten blickende, bleibt auch.
Nur der Abschaum der Generäle und Gauleiter
Nur die Fabrikherren und Börsenmakler
Nur die Junker und Statthalter sollen verschwinden.
Himmel und Erde und Wind und das von den Menschen
Geschaffene
Kann bleiben, aber
Das Geschmeiß der Ausbeuter, das
Kann nicht bleiben.

(1939)

Seite 137: 143 Brecht, 1940

144 Lidingö, Wohnhaus der Familie Brecht

Das Haus ist ideal. Es liegt auf Lidingö, von zwei Seiten geht Tannenwald heran. Das Arbeitszimmer, bisher ein Bildhaueratelier, ist 7 Meter lang, 5 Meter breit. Ich habe also viele Tische.
(Arbeitsjournal, 15. Juli 1939)

145 Mit Helene Weigel, 1939

Durch Vermittlung der Schauspielerin Naima Wifstrand erhielten Brecht und seine Familie Unterkunft in dem Haus der Bildhauerin Ninnan Santesson. Hier traf Brecht mit Freunden zusammen und diskutierte mit Politikern und Wissenschaftlern über die politische Situation.

VOR EINEM OFFIZIERSZELT.

MUTTER COURAGE WARTET. EIN SCHREIBER SCHAUT AUS DEM ZELT.

~~DER SCHREIBER: Ihr markedentergeschäft wollens überschreiben lassen?~~

~~MUTTER COURAGE NICKT.~~

~~DER SCHREIBER: wartens, bis der herr rittmeister zeit hat. AB~~

EIN JUNGER SOLDAT(KOMMT RANDALIEREND): boque la madonne! wo ist der got

damnte hund von rittmeister, wo ~~uns die gage~~ unterschlägt und versauft

seine menascher? er muss hin sein!

EIN ÄLTERER

~~2 ANDERER~~ SOLDAT~~EN~~ (KOMMT NACHGELAUFEN): halts maul. du kommst in stock

DER JUNGE SOLDAT: komm heraus, du dieb! ich hau dich zu kotteletten! d

~~sein~~ unterschlagen, dass ich nicht einmal ein bier kaufen kann, ich las

mire nicht gefallen. komm heraus, dass ich dich zerhack!

DER ALTEN

~~DER EINE~~ SOLDAT: maria und josef, er rennt sich ins verderben.

MUTTER COURAGE: habens ihm kein ~~geld~~ gezahlt?

DER JUNGE SOLDAT: lass mich los, ich renn dich mit nieder, es geht auf

aufwaschen.

ÄLTERE

DER SOLDAT: ~~und alle nicht.~~ er ist noch jung und nicht lang genug dabe

MUTTER COURAGE: lass ihn los, er ist kein hund, wo man in ketten legen

~~sein~~ haben wollen ist ganz vernünftig. warum ~~sonst~~ er ~~sonst~~?

DER ~~JUNGE~~ SOLDAT: dass ~~er~~ sich besauft drinnen! ihr seids nur hosensch

ser.

MUTTER COURAGE: junger mensch, brüllens mich nicht an. ich hab meine e

nen sorgen und überhaupt, schonens Ihre stimm, Sie möchtens brauchen b

der rittmeister kommt, nachher ist er da und Sie sind heiser und bring

kein ton heraus und er kann Sie nicht in stock schliessen lassen bis S

schwarz sind. solche, wo so brüllen, machens nicht lang, eine halbe stu

und man muss sie in schlaf singen, so erschöpft sinds.

xx

DER JUNGE SOLDAT: ich leids nicht, redens nicht, ich vertrag keine ung

rechtigkeit.

MUTTER COURAGE: da habens recht, aber wie lang? wie lang vertragens ke

ungerechtigkeit? eine stund oder zwei? sehens, das haben Sie sich nich

gefragt, obwohle die hauptsach ist, warum, im stock ists ein elend, we

entdecken, jetzt vertragen Sies plötzlich.

MUTTER COURAGE: ich komm mich, beim rittmeister beschweren. ich wer schika-
niert.

DER SCHREIBER: ich kenn Sie. Sie haben einen zahlmeister von die evangeli-
schen bei sich gehabt, wo sich verborgen hat. beschwerens sich lieber nicht.

MUTTER COURAGE: doch beschwer ich mich. ich bin unschuldig und wenn ichs zu-
lass, schauts aus, als ob ich ein schlechtes gewissen hätt. sie haben mir alles mit die säbel zerfetzt im wagen und 5 taler buss für nix und wieder nix
abverlangt.

DER SCHREIBER: ich rat Ihnen zum guten, haltens das maul. wir haben nicht
                                    Ihnen Ihren Handel
viel markedenter und lassen Sie uns gefallen, besonders, wenns ein schlechtes gewissen haben und ab und zu eine buss zahlen.

MUTTER COURAGE: ich beschwer mich.
                                          fr
DER SCHREIBER: wie Sie wollen. dann wartens, bis der rittmeister zeit hat. AB

✗ ✗

DER JUNGE SOLDAT: ich bin nie nicht erschöpft und von schlafen ist keine red,
ich hab kohldampf./der verhurt mein trinkgeld und ich hab kohldampf. er muss
in sein.

MUTTER COURAGE:
               Sie   ben
ich versteh, AX haßX kohldampf. voriges jahr hat euer feldhauptmann euch
von die strassen runterkommandiert und quer über die felder, damit das korn
                                 hätt
niedergetrampelt wird. ich XXX für stiefel lo gulden kriegen können, wenn
XXX einer lo gulden XXXXXX/X hätt ausgeben können und ich stiefel gehabt
hätt. er hat geglaubt, er ist nicht mehr in der gegend dies jahr, aber jetzt
ist er doch noch da und der kohldampf ist gross. ich versteh, dass Sie einen
zorn haben.

146 »Mutter Courage und ihre Kinder«, Typoskript mit hand-
schriftlichen Korrekturen Brechts und Steffins, 1939
Im September 1939 schrieb Brecht die erste Fassung des Stük-
kes »Mutter Courage und ihre Kinder«.
Merkwürdig, wie das Manuskript während der Arbeit zum Fe-
tisch wird! Ich bin ganz abhängig vom Aussehen meines Manu-
skripts, in das ich immerfort einklebe und das ich ästhetisch auf
der Höhe halte. Immer wieder ertappe ich mich dabei, daß ich,
nur damit die Seite ausgeht, versuche, mit einer ganz bestimmten Anzahl von Versen auszukommen für eine Änderung!
(Arbeitsjournal, 12. April 1941)

147 Mit Helene Weigel und Barbara, Lidingö 1939
148 Mit Henry Peter Matthis, Margarete Steffin und Stefan, 1939
149 Mit Martin Andersen Nexö, 1939

Mit Grete übersetze ich Andersen Nexös »Erinnerungen«: Sie
gefallen mir, trotz der Seelenzergliederungen und Moralismen,
da noch Rohstoff darinsteckt. Ein respektabler Proletarismus.
Aber da sind schöne Stellen, wo die Solidarität der Besitzlosen
geschildert wird.
(Arbeitsjournal, 25. Juli 1938)

Haben Sie vielen Dank für die große Arbeit, die die schnelle
Beschaffung eines Visums sicher gekostet hat. Man war dieser
Tage hier sehr niedergedrückt und besorgt. Die Zeitungen
brachten ein Dementi Berlins über Truppenzusammenziehungen
an der dänischen Grenze usw. Allgemein wurde mir gesagt, wie
ungemein schwierig es ist, ein Visum für Schweden zu bekommen.
(Brief an Matthis, 11. April 1939)

150 Mit Ruth Berlau, 1939

Nur damit Du verstehst, daß ich eine ziemliche Verantwortung
für Ruth fühle: Es kann, wenn sich der Naziapparat in Kopenha-
gen erst einmal einspielt, unmöglich verborgen bleiben, was sie
in Zusammenarbeit mit mir alles gemacht hat. Nicht nur, daß
Helli und ich bei ihr in Kopenhagen wohnten und sie bei uns in
Svendborg – sie hat die »Frau Carrar« inszeniert, zwei Stücke
(»Die heilige Johanna der Schlachthöfe« und ein »Ballett«) am
Königlichen Theater angebracht, und sie hat vor allem die
»Svendborger Gedichte« als Subskriptionsdruck herausgebracht.
Und darin stehen böse Sachen über die Nazis. Und dazu trat
sie in unzähligen Antinaziversammlungen auf und rezitierte
Gedichte von mir! Sie kann meiner Meinung nach nicht zurück,
bevor der Krieg aus ist.
(Brief an Wuolijoki, 1940)

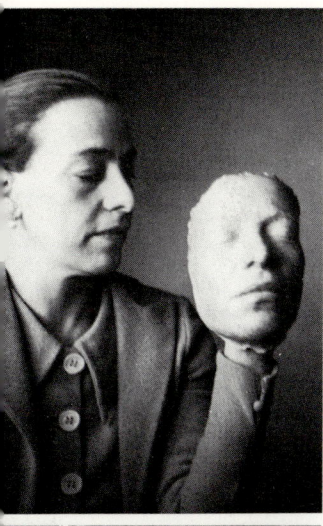

151 Helene Weigel
152 Büste der Weigel von
Ninnan Santesson, 1939

Kleinen Aufsatz über Fotos geschrieben, die ich, während
die Santesson an einem Kopf
Hellis arbeitet, machen ließ.
Man sieht da die Stadien der
Knetarbeit. Lehrreich für Dialek-
tiker. Tatsächlich kommt am
Schluß etwas eigentümlich Gutes heraus: Der Kopf darf seine
Widersprüche unausgeglichen
behalten.
(Arbeitsjournal, 11. September
1939)

Ein paar Worte über die Skulptur, die auf dieser Seite abgebildet ist, Ninnan Santessons
Kopf der Schauspielerin Helene
Weigel. In dieser Skulptur
scheint sich eine neue Richtung
der Porträtkunst anzumelden,
der die erwähnte neue Betrach-
tungsweise zugrunde liegt.
(Betrachtung der Kunst und Kunst
der Betrachtung, 1939)

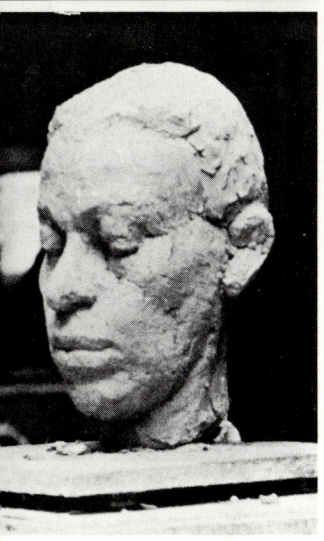

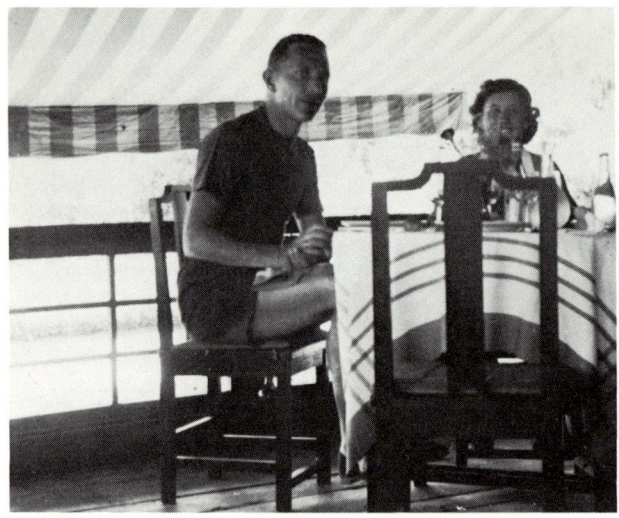

153 Brechts Tochter Hanne mit ihrem Stiefvater Theo Lingen,
Am Lido 1936
Nach der Scheidung von Brecht heiratete Marianne den
Schauspieler Theo Lingen, der die Tochter Hanne adoptierte.
Theo Lingen widerstand mehreren behördlichen Versuchen, ihn
zu einer Scheidung von seiner Frau zu bewegen, die den Na-
tionalsozialisten Handhaben gegen die Halbjüdin und gegen
die Tochter des ausgebürgerten Brecht ermöglicht hätten.

154 Mit seinem Bruder Walter, Lidingö 1939
Prof. Dr. Walter Brecht war seit 1931 als Ordinarius für Papierfabrikation an der Technischen Hochschule Darmstadt tätig. Er
hatte seinen Bruder bereits in Skovsbostrand besucht. Bei Gele-
genheit einer Vortragsreise nach Stockholm besuchte er ihn
auch in Lidingö.
**Brecht ist Arier, sein Bruder ist heute noch Universitätsprofessor
in Deutschland. Brechts Frau, die unter ihrem Mädchennamen
Helene Weigel Schauspielerin am Staatstheater und bei Max
Reinhardt war, ist dagegen Jüdin; was allein für Brecht ein
Grund gewesen wäre, aus Deutschland zu emigrieren. Jedoch
gehörte er schon Jahre vor Hitlers Machtantritt zu den Bekämp-
fern der Nazis, und seine ganze literarische Produktion wäre
unter dem Naziregime ganz unmöglich. Einer politischen Partei
hat er nie angehört und gehört er auch jetzt nicht an.**
(Tagebücher, 1941)

155 Mit Hans Tombrock, 1939
Brecht förderte die zeichnerischen Bemühungen des aus
Deutschland emigrierten Arbeiters Hans Tombrock in liebevol-
ler Weise. In einem Briefwechsel gab er ihm Ratschläge für
seine Illustrationen zu »Leben des Galilei«.
156 Zeichnung von Hans Tombrock: Diskussion über die Nie-
derlage im spanischen Bürgerkrieg im Lidingöer Hause Brechts,
August 1939
Anmerkung Tombrocks auf dem Passepartout:
»Am Tischchen: Brecht, rechts daneben: selbst, mit Manuskript:
Paul Verner, rechts daneben (noch nicht so dick): Herbert
Warnke, daneben: Anton Plenikowski, genannt Pleni, Rücken
umdrehend: Siggi Neumann †, links von ihm: Lotte Bischoff,
Gruppe: Spanienkämpfer, im Hintergrund: Nina Santesson.«

157 Brecht in Lidingö 1939

Marlebäck 1940–1941

Finnische Landschaft
Fischreiche Wässer! Schönbaumige Wälder!
Birken- und Beerenduft!
Vieltöniger Wind, durchschaukelnd eine Luft
So mild, als stünden jene eisernen Milchbehälter
Die dort vom weißen Gute rollen, offen!
Geruch und Ton und Bild und Sinn verschwimmt.
Der Flüchtling sitzt im Erlengrund und nimmt
Sein schwieriges Handwerk wieder auf: das Hoffen.
Er achtet gut der schöngehäuften Ähre
Und starker Kreatur, die sich zum Wasser neigt
Doch derer auch, die Korn und Milch nicht nährt.
Er fragt die Fähre, die mit Stämmen fährt:
Ist dies das Holz, ohn das kein Holzbein wäre?
Und sieht ein Volk, das in zwei Sprachen schweigt.

(1940)

153

Seite 153: 158 Brecht, 1940
159 Die finnische Dichterin Hella Wuolijoki, Ende der 30er
Jahre
160 Sauna auf dem Gut von
Marlebäck
161 Marlebäck, Wohnzimmer
im Herrenhaus
Hella Wuolijoki nahm die Familie Brecht nach ihrer Flucht
aus Schweden auf ihrem Gut
in Marlebäck auf. Sie stellte eines der kleinen Bauernhäuser
zur Verfügung.

**Mit Hella Wuolijoki nach Gut
Marlebäck (Kausala) gefahren.
[...] Das Gutshaus, weiß, mit
zwei Reihen von je acht
großen Fenstern, ist über 100
Jahre alt, im Empirestil gebaut.
Die Zimmer sind museumsreif.
Neben dem Gutshaus liegt ein
riesiger Steinbau für die Kühe
(etwa 80 Stück) mit Fütterungs-
luken von oben, wohin das
Lastauto mit dem Futter fährt,
und schöner Wasserspülung,
alles in Eisen und herrlichem
Holz, der rötlichen Fichte des
Nordens.**

(Arbeitsjournal, 5. Juli 1940)

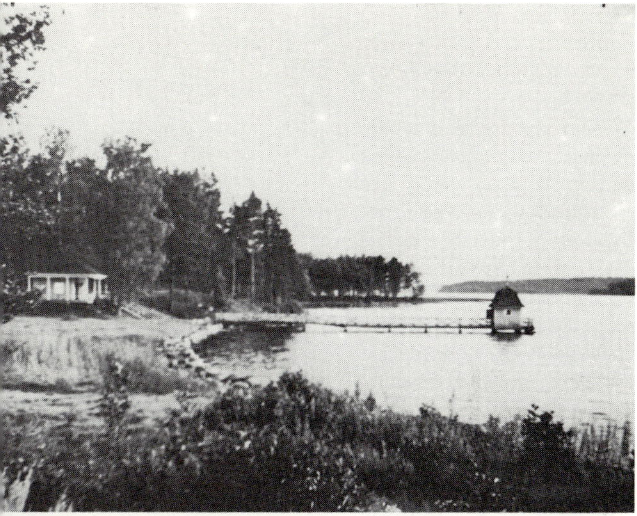

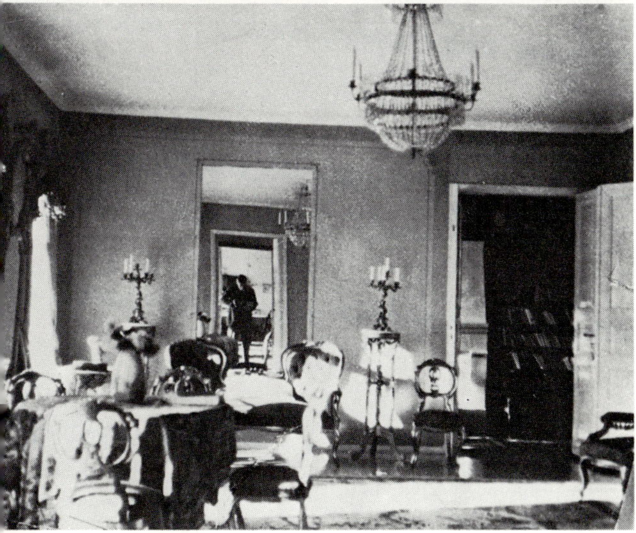

162 Helene Weigel mit
Barbara, 1940
163 Marlebäck, Wohnhaus der
Familie Brecht

**Wir sind sehr schläfrig; wahr-
scheinlich von der ungewohn-
ten Luft. Der Birkengeruch allein
ist berauschend und auch der
Holzgeruch. Unter den Birken
gibt es reichlich Walderdbee-
ren, und auch das Sammeln
macht die Kinder müd. Ich
fürchte, daß das Kochen für
Helli schwierig wird, es ist nötig, den Ofen zu heizen, und
das Wasser ist nicht im Haus.
Aber die Leute sind sehr
freundlich, und Hella Wuolijoki
weiß unzählige Geschichten.**
(Arbeitsjournal, 5. Juli 1940)

164 Barbara mit Puppenstube,
1941
Die Familie Brecht war nur mit
dem Lebensnotwendigen nach
Finnland geflohen und lebte
unter großen Entbehrungen.
Die Puppenstube aus Kisten
und Packpapier hatte Helene
Weigel für ihre Tochter gebaut.

**Über Europa fallen die Schat-
ten einer riesig heraufziehen-
den Hungersnot. Hier geht der
Kaffee nun aus, der Zucker
wird knapp, Zigarren (für mich
Produktionsmittel) werden uner-
schwinglich. Alles und jedes
zeigt die wachsende Macht
des Dritten Reiches.**
(Arbeitsjournal, 29. Juni 1940)

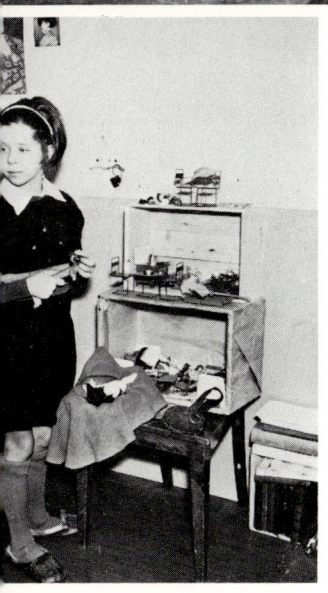

157

165 Hella Wuolijoki mit dem Urbild des Puntila auf Marlebäck

Brecht schrieb das Stück »Herr Puntila und sein Knecht Matti« zusammen mit Hella Wuolijoki nach der Vorlage ihres Stückes »Die Sägemehlprinzessin«.

Meine Freundin, die bedeutende finnische Dichterin Hella Wuolijoki, [...] erzählte mir seinerzeit von dem Vorbild des Puntila, der damals meines Wissens noch lebte. Sie plante selber ein Stück und einen Film über ihn, da ich jedoch den Stoff selbständig behandeln wollte, was sie mir erlaubte, hielt ich mich nicht an ihre Pläne, sondern an ihre Erzählungen.

(Brief an Geis, 28. August 1948)

166/167 »Puntila«, Szenenplan, 1940

Den Szenenplan hatt ich schnell, die Länge der Szenen war im vornherein notiert und wurde ziemlich eingehalten. Der Besuch des Gesindemarktes ist eingefügt, er fand in diesen Tagen hier in der Nähe statt.

(Arbeitsjournal, 19. September 1940)

1   putila findet einen menschen   +

sonntag abend

                                                    W
2   putila will seinen wald verkaufen   +

sonntag nacht

                                                    W
3   puntila und die frühaufsteherinnen
                                        +

sonntag früh

                                                    W
4   der verein der bräute des herrn von
    puntila
                            +

sonntag vormittag

5   puntila verlobt seine tochter mit einem
    menschen
                                        +

sonntag mittag

                                            W
6   puntila verlobt seine tochter mit einem
    attache
                            +

sonntag abend

7   puntila verstösst seine tochter
                                    +

sonntag nacht

159

Der Aufstieg des Arturo Ui
Der berüchtigte Dockshilfeskandal
Der Kampf um das Testament des Dogsborough
Der Speicherbrandprozess
die grosse historische
Enthaltend zum allerersten
die Wahrheit über den grossen

"BENNY THE FAT"
"THE MONK"
MURDER INC.

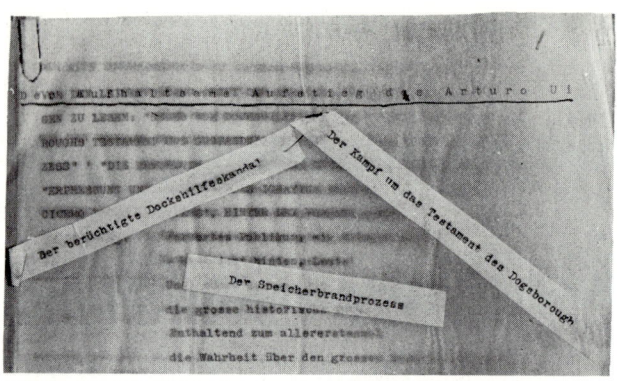

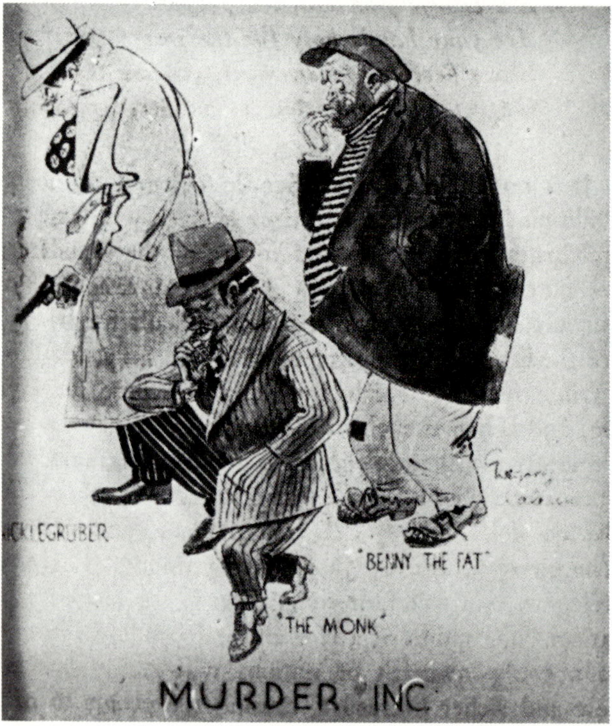

168 Ausschnitt der Titelseite von »Der aufhaltsame Aufstieg des
Arturo Ui«, Erstfassung 1941
169 Karikatur auf Naziführer, die Brecht zu dem Stück anregte
170 Mit Margarete Steffin

Inmitten all des Trubels um die Visas und die Reisemöglichkeit
arbeite ich hartnäckig an der neuen Gangsterhistorie. Nur noch
die letzte Szene fehlt. Die Wirkung der Doppelverfremdung –
Gangstermilieu und großer Stil – kann schwer vorausgesagt
werden. (Arbeitsjournal, 28. März 1941)
Im Dezember 40 wurden wir von Stockholm aus verständigt,
daß für mich, Helli und die Kinder mexikanische Einwanderungsvisen bewilligt waren. Grete bekam keines, Kables und Einga-
ben blieben fruchtlos, uns teilte man aus USA mit, wir sollten
fahren, die neue mexikanische Regierung könne jeden Tag die
Visen annullieren. Ich betrieb also die amerikanischen Visen, für
Grete ein Besuchsvisum, da sie die medizinische Untersuchung
nicht passieren konnte. Die Lage in Finnland wurde schnell
bedrohlich. Unsere amerikanischen Einwanderungsvisen beka-
men wir am 2. Mai 41, und die finnischen Freunde drängten hef-
tiger auf unsere Abreise. (Arbeitsjournal, 19.–21. Juli 1941)
Margarete Steffin starb bei der Durchreise in Moskau am
4. Juni 1941.

Santa Monica 1941–1947

Liefere die Ware!

Immer wieder
Wenn ich durch ihre Städte laufe
Einen Unterhalt suchend, wird mir gesagt:
Zeige, was in dir ist
Auf den Tisch damit!
Liefere die Ware!

Sage etwas, was uns begeistert!
Erzähle uns von unserer Größe!
Errate unsere geheimen Wünsche!
Zeige uns den Ausweg
Mach dich nützlich!
Liefere die Ware!

Stelle dich zu uns, damit
Du uns überragst
Zeige dich als einer von uns, wir
Werden dich den Besten nennen.
Wir können bezahlen, wir haben die Mittel
Niemand außer uns kann es.
Liefere die Ware!

Wisse, unsere großen Zeiger
Sind die zeigen, was wir gezeigt haben wollen.
Herrsche, indem du uns bedienst!
Daure, indem du uns Dauer verschaffst!
Spiele unser Spiel mit, wir teilen die Beute!
Liefere die Ware! Sei ehrlich mit uns!
Liefere die Ware!

Wenn ich in ihre verfaulenden Gesichter sehe
Vergeht mir der Hunger.

(1942)

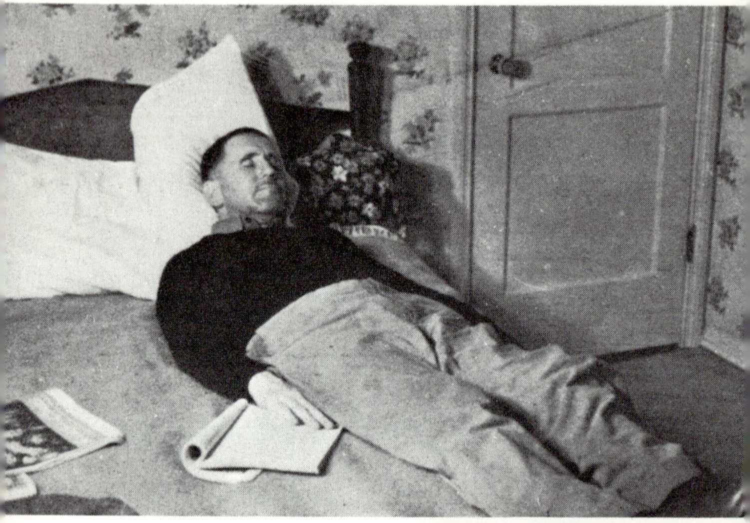

Seite 163: 171 Brecht, 1947
172 Brecht, Hollywood 1941
Am 21. Juni 1940 trafen Brecht,
seine Familie und Ruth Berlau
in Kalifornien ein.

**Fast an keinem Ort war mir das
Leben schwerer als hier in diesem Schauhaus des easy
going. Das Haus ist zu hübsch,
mein Beruf ist hier Goldgräber-
tum, die Glückspilze waschen
sich aus dem Schlamm faust-
große Goldklumpen, von denen dann lange die Rede ist,
wenn ich gehe, gehe ich auf
Wolken wie ein Rückenmärkler.**
(Arbeitsjournal, 1. August 1941)
173 Filmregisseur Fritz Lang,
1952

174 Wohnhaus Brechts
1941–1942, Santa Monica,
25. Straße, Nr. 817
Einen Monat nach seiner Ankunft in den USA siedelte sich
Brecht in Santa Monica an.
**Mein Zimmer mißt 11 Fuß zu 12
Fuß, ist stickig und hat rosa Türen. Da an drei Wänden Tische
und an der vierten das Schlaf-
sofa stehen, kann ich beim
Arbeiten nur drei sehr kleine
Schritte machen.**
(Arbeitsjournal, 16. Juli 1942)
175 Film »Hangmen Also Die«,
1943, Regie: Fritz Lang
Brechts Filmszenarium über das
Attentat auf Heydrich und den
tschechischen Widerstands-
kampf wurde in Hollywood zu
einer reißerischen Kriminalstory
verwandelt.

176 Aus dem »Arbeitsjournal«, 8. Dezember 1941

Brecht klebte die Schlagzeile vom Eintritt der USA in den 2. Weltkrieg in sein »Arbeitsjournal«

Die geistige Isolierung hier ist ungeheuer, im Vergleich zu Hollywood war Svendborg ein Weltzentrum. Sie kennen sicher die Situation, wo man den wichtigsten Besuch immer wieder aufschiebt, weil man erst die Hose geflickt kriegen muß.

(Brief an Korsch, Oktober 1942)

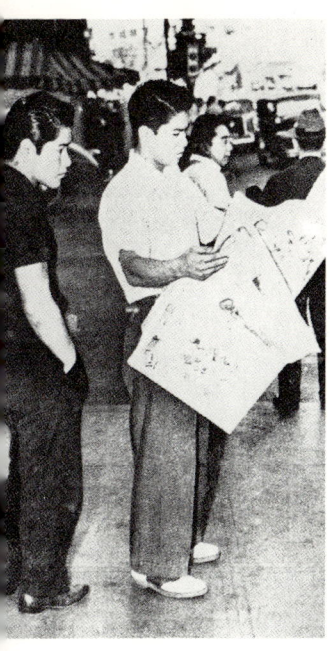

177 Foto aus dem »Arbeitsjournal«, eingeklebt am 8. Dezember 1941

Ich stecke mit Kortner in einer Filmstory für Boyer, wenn Kortners Junge hereinkommt mit der Nachricht, Japan habe den Angriff auf Hawaii eröffnet. Als wir das Radio andrehten, wurde es uns klar, daß wir wieder »auf der Welt« waren. Eine riesige Nation erhob sich, halb schlaftrunken, um in den Krieg zu gehen. Auf der Straße horchten die Autofahrer auf ihre Radios mit sonderbar kauernder Haltung. Kortner sah im Drugstore einen jungen Soldaten aus der Tasche etwas (was er für ein Amulett hielt, es wird eine Erkennungsmarke gewesen sein) ziehen und es sich um den Hals hängen, im Gespräch, ein wenig lächelnd. (Arbeitsjournal, 8. Dezember 1941)

178 Chinesischer Glücksgott
aus Brechts Nachlaß

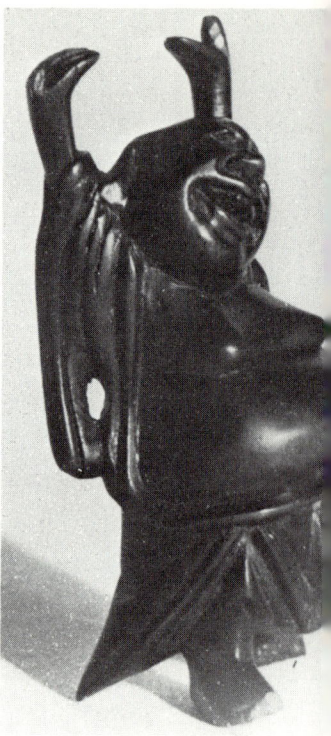

Wen ein gelungener Hintern
    entzückt
Was sind dem die frühesten
    Metten?
Wer sich so tief dem Irdischen
    bückt
Der ist schon nicht mehr zu
    retten.

Und ein Stück Fleisch und ein
    Dach überm Kopf
Ist der Mensch etwa dazu ge-
    boren?
Gutes Leben? Dem niedrigen
    Tropf
Wird vom Himmel Rache
    geschworen.

Schon ein Lächeln kann
    mißliebig sein
Ein Gelächter ist immer
    verdächtig!
Wer nicht nach Sternen
    langt, ist ein Schwein
Wer da lacht, der ist
    niederträchtig.

Ich bin der Gott der
    Niedrigkeit
Der Gaumen und der Hoden
Denn das Glück liegt nun
    einmal, es tut mir leid
ziemlich niedrig am Boden.
(Aus dem Siebten Lied des Glücks-
gotts, 1944)

179 Faksimile einer Handschrift aus dem »Arbeitsjournal«,
Eintragung vom 1. 2. 1942

Ruth findet die chinesischen Charaktere so gut und schlägt
ein Gedicht über einige vor. »Friede« ist eine Frau mit einem
Dach darüber; »Heim« ist ein Schwein unter einem Dach;
»Harmonie« ist ein Mund dicht an Reis usw. Vielleicht sollte
man selber einen »Katalog der Charaktere« anlegen. So: [folgt
Abbildung] Viele Leute befragend, könnte man eine soziale
Schrift aufstellen. Im BUCH DER WENDUNGEN könnten Bera-
tungen über eine Schrift ein gutes Kapitel abgeben.
(Arbeitsjournal, 1. Februar 1942)

180 Brecht vor dem Eingang seines zweiten Hauses in Santa Monica, 26. Straße, Nr. 1063
1942 erwarb Brecht dieses Haus und bewohnte es bis zu seiner Rückkehr nach Europa 1947.

Ziehen um in die 26. Straße in Santa Monica. Das Haus ist eines der ältesten, etwa 30 Jahre alt, ein kalifornisches Holzhaus, getüncht, mit oberem Stockwerk, in dem 4 Schlafzimmer sind. Ich habe einen langen (fast 7 Meter) Arbeitsraum, den wir sogleich weiß tünchten und mit 4 Tischen versahen. Im Garten sind alte Bäume (Pfeffer- und Feigenbaum). Miete 60 $ im Monat, 12 $ 50 mehr als in der 25. Straße.

(Arbeitsjournal, 12. August 1942)

181 Arbeitszimmer Brechts
182 Brechts Skizze seines Arbeitszimmers

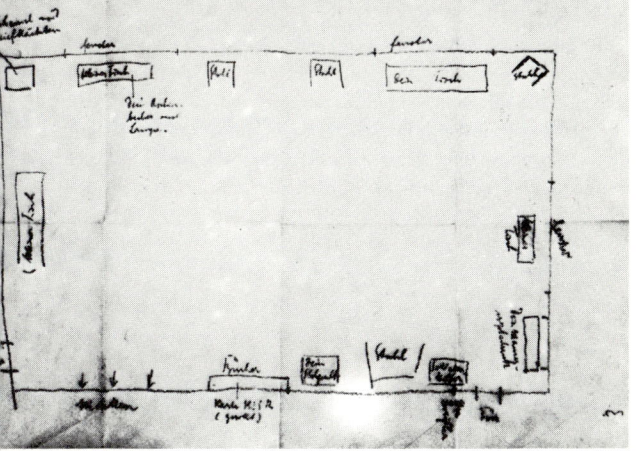

171

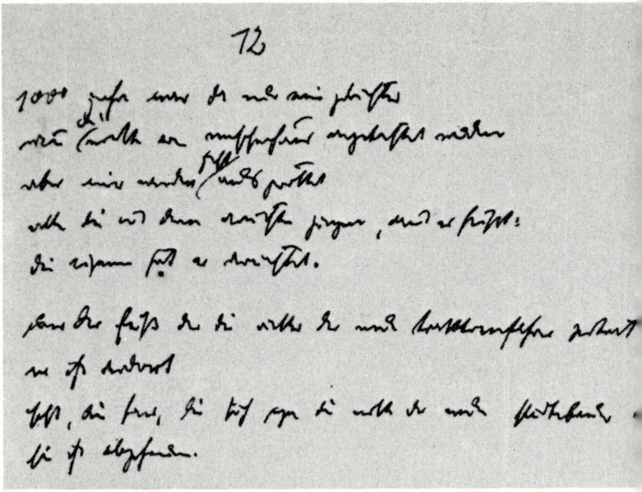

183 An die deutschen Soldaten im Osten, Faksimile der ersten Fassung 1942

Transkription:

12

1000 jahre war da nur ein gelächter / wenn die werke von menschenhand angetastet wurden / aber wir werden jetzt ausgerottet / alle die mit dem vernichter gingen, und es heißt: / die eignen hat er vernichtet. / und der fuß der die äcker der neuen traktorfahrer zertrat / er ist verdorrt / seht, die hand, die sich gegen die werke der neuen städtebauer erhob / sie ist abgehauen.

From Nazi-Occupied Nations

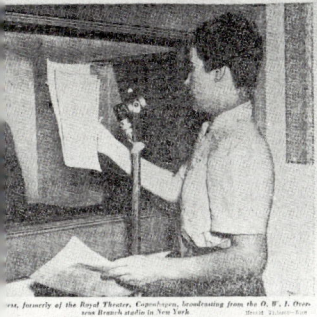

ss, formerly of the Royal Theater, Copenhagen, broadcasting from the O. W. I. Overseas Branch studio in New York.

and Broadcast Facts for O. W. I.

184 Frank, Sohn Brechts und Paula Banholzers, 1942
Brechts Sohn Frank wurde 1939 zum Militär eingezogen. 1940 bis 1942 wurde er im Luftkrieg gegen England eingesetzt. Nach einer Verletzung kam er 1943 in ein Landjägerregiment an die Ostfront. Er wurde bei einem Bombardement am 13. November 1943 getötet.
185 Ruth Berlau als Rundfunk-sprecherin, 1942
Ruth Berlau hatte sich in New York angesiedelt und sprach in Sendungen aus dem OWI (Amt für Kriegsinformation). Brecht fügte das Zeitungsfoto seiner Notierung vom 16. November 1942 im »Arbeits-journal« hinzu.

Geld habe ich fast keines mehr im Augenblick (jedoch ist die Miete bis Frühjahr bezahlt), ich muß mir Geld ausborgen, für eine sehr kleine Basis.
(Brief an Berlau, 6. Oktober 1943)

186/188 Mit Ferdinand Reyher, 1946

Er ist ein guter Cicerone für die Staaten, wenn er, auf seinem linken Schienbein kauernd, mit der rechten Hand sich unterm Hemd in der Achselhöhle kratzend, die jettschwarzen Äuglein in seinem gelblichen Fuchsgesicht funkelnd, die komischen Besonderheiten dieses Riesenbabys Amerika erläutert.
(Arbeitsjournal, 13. Februar 1942)

187 Mit Mordecai Gorelik und Peter Lorre, 1942
Foto, das Brecht in sein »Arbeitsjournal« eingeklebt hat.
Ich sprach gegen eine Wand, als ich auseinandersetzte, wie

wenig durch Einfühlung in einen Betroffenen zu verstehen ist. Er kann von dem Interesse am »to sell the story« nicht weggebracht werden. Und am Verkauf von Schocks und Emotionen. (Arbeitsjournal, 12. Juni 1944)

189 Mit Oskar Homolka, etwa 1942

Ich kam mit Homolka und Karin von »Memphis Belle« (Flug einer Flying Fortress nach Wilhelmshaven) und saß schon wieder beim Schach, als Eisler telefonierte, die Invasion in Frankreich habe eingesetzt. Das Radio spie Nachrichten; ein Augenzeuge sprach schon von der Normandie aus.
(Arbeitsjournal, 6. Juni 1944)

190 Brecht, New York 1946
Foto vom Balkon der Wohnung von Ruth Berlau in der 57. Straße
191 Kurt Weill
**Treffe viele Leute [...] Weill hat großen Broadwayerfolg, ist
aber nicht mehr so sicher an seiner Zukunft hier. Aufricht bringt
uns zusammen. Weill will das Sezuanstück produzieren, und wir
planen einen Schweyk.**
(Arbeitsjournal, Mai 1943)
192 Paul Dessau
Der Komponist Paul Dessau begann im amerikanischen Exil
eine engere Zusammenarbeit mit Brecht und schuf zahlreiche
Musiken zu seinen Werken.

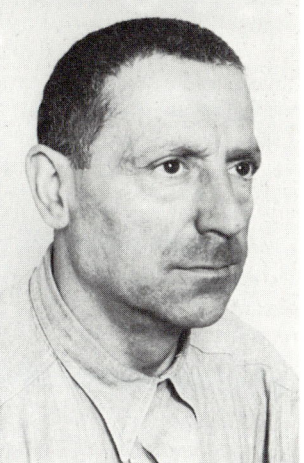

193 Japanische Maske eines Dämons in der Wohnung Brechts, die ihn 1942 zu dem Gedicht anregte
Brecht nahm die Maske durch alle Stationen des Exils mit.
194 FBI-Akte über Brecht, 1943
Brecht wurde während der Zeit seines amerikanischen Aufenthalts vom FBI beobachtet. Die vorliegenden Akte ist eine von 1000 überlieferten Blättern dieser Art.
Übersetzung:
[...] berichtet, die Person drehte Filme mit kommunistischer Tendenz, die er 1932 in Moskau vorführte. [...] berichtet, die Person ist befreundet mit zahlreichen Leuten im Kreis von Salka Viertel, von denen bekannt ist, daß sie kommunistische Tendenzen haben. Von Brechts radikaler Dichtung ist bekannt, daß sie kürzlich von ausländischen Gruppen in New York im Programm verwendet wurde. (Randnotiz: links: CHECK = prüfen! / rechts: Forum = wohl Clubname) Ankündigungen in der Flüchtlingswochenschrift »Aufbau« zeigen an, daß Brecht in New York noch aktiv ist, obwohl [...] berichtet, daß man erwartet, er werde bald nach Los Angeles zurückkehren. Am 19. April 1943 hat [...] berichtet, daß seines Wissens die Person 1932 in Moskau war, um einen Film kommunistischer Ten-

D i e   M a s k e   d e s   B ö s e n

An meiner Wand hängt ein japanisches Ho
Maske eines bösen Dämons, bemalt mit Go
Mitfühlend sehe ich
die geschwollenen Stirnadern, andeutend
wie sehr es anstrengt, böse zu sein.

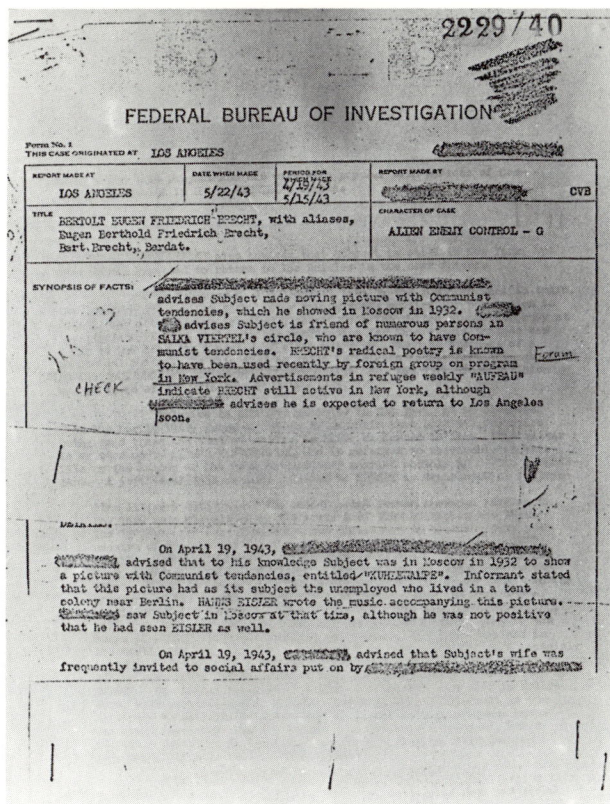

FEDERAL BUREAU OF INVESTIGATION

Form No. 1
THIS CASE ORIGINATED AT LOS ANGELES

2229/40

REPORT MADE AT	DATE WHEN MADE	PERIOD FOR WHICH MADE	REPORT MADE BY	
LOS ANGELES	5/22/43	2/18/43 5/15/43		CVB

TITLE
BERTOLT EUGEN FRIEDRICH BRECHT, with aliases,
Eugen Berthold Friedrich Brecht,
Bert. Brecht, Bardat.

CHARACTER OF CASE
ALIEN ENEMY CONTROL - G

SYNOPSIS OF FACTS:
.... advises Subject made moving picture with Communist
tendencies, which he showed in Moscow in 1932. ....
.... advises Subject is friend of numerous persons in
SALKA VIERTEL's circle, who are known to have Communist tendencies. BRECHT's radical poetry is known
to have been used recently by foreign group on program
in New York. Advertisements in refugee weekly "AUFBAU"
indicate BRECHT still active in New York, although
.... advises he is expected to return to Los Angeles
soon.

CHECK

DETAILS:

On April 19, 1943, ...
.... advised that to his knowledge Subject was in Moscow in 1932 to show
a picture with Communist tendencies, entitled "KUHLE WAMPE". Informant stated
that this picture had as its subject the unemployed who lived in a tent
colony near Berlin. HANNS EISLER wrote the music accompanying this picture.
.... saw Subject in Moscow at that time, although he was not positive
that he had seen EISLER as well.

On April 19, 1943, ... advised that Subject's wife was
frequently invited to social affairs put on by ....

denz mit dem Titel »Kuhle Wampe« zu zeigen. Der Informant berichtet, daß dieser Film Arbeitslose zum Gegenstand hat, die in der Nähe von Berlin in einer Zeltkolonie leben. Hanns Eisler schrieb die Filmmusik [...] sah die Person zu dieser Zeit in Moskau, wenn er auch nicht mit Sicherheit sagen konnte, auch Eisler gesehen zu haben. Am 19. April 1943 hat [...] berichtet, daß die Ehefrau der Person häufig zu gesellschaftlichen Veranstaltungen eingeladen wurde, die ausgingen von [...]

Die Tilgung der Personennamen und die Abdeckungen wurden vom FBI vorgenommen.

195 Barbara Brecht mit Charles
Laughton, Ella Rains und ihrer
Freundin Doris, etwa 1945
Charles Laughton ließ dieses
Foto machen, als Barbara in
der Schule wegen ihrer Her-
kunft diskriminierenden Be-
schimpfungen ausgesetzt war.
**»Helli, do you think somehow
in the management of this hec-
tic day you could do my hair?«
sagt Barbara am Geburtstags-
tisch.**
(Arbeitsjournal, 28. Oktober 1943)

196 Stefan Brecht, 1944
Foto aus dem »Arbeitsjournal«
**Steff wird am 26. zur Armee
eingezogen. Er beschließt, sich
das Land anzusehen, bereist
San Francisco, Saint Louis,
New Orleans.**
(Arbeitsjournal, 18. September 1944)

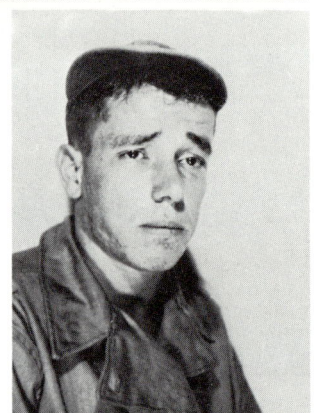

197 Helene Weigel, etwa 1944
Es gelang Brecht nicht, Helene Weigel für seinen Film in einer
Rolle unterzubringen. Sie bekam lediglich eine stumme Rolle in
dem Film »Das siebte Kreuz«.
Es gibt viele Leute, die plötzlich in ein Jammergeschrei ausbre-
chen: Mein Gott, sie hat fünfzehn Jahre nicht spielen können!
Der Gedanke ist mir in der ganzen Zeit nicht gekommen, weil es
wirklich eine vernünftige, praktische und wichtige Sache gab:
daß Brecht arbeiten konnte und daß die Kinder aufwachsen.
(Helene Weigel, 1969)

198 Brecht, New York 1945
199 Brecht, etwa 1943

Die Elemente der Lebensweise
hier sind unedel. Es muß die
Unwürdigkeit der Produktions-
verhältnisse sein, die da alles
banal macht. Hier, wenn
irgendwo, wäre Distanz nötig,
aber niemand respektiert sie.
Das Essen, das Betrachten der
Landschaft, das Gespräch, das
Schreiben eines Buches, das
Lesen eines Buches, die Geschäfte, all das hat hier noch
einen andern Zweck, keinen
ganz gut riechenden und ist so
nicht würdig und nicht zuläng-
lich in sich.
(Arbeitsjournal, 30. März 1942)
200 Faksimile eines Gedichts,
das Brecht an Berthold Viertel
schickte, 1943

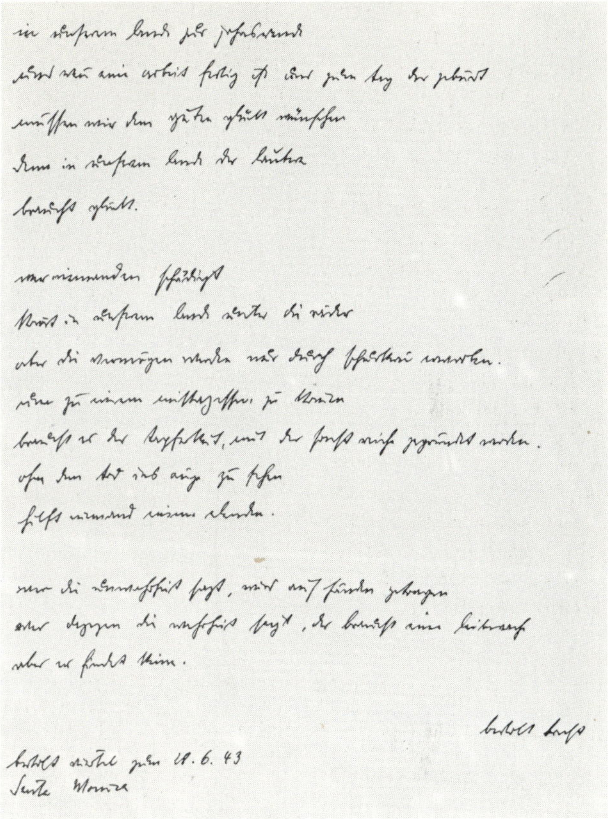

in diesem land zur jahreswende
wenn man eine arbeit fertig hat und zum tag der geburt
müssen wir dem guten glück wünschen
denn in diesem land der leute
braucht glück.

wer niemanden schädigt
kommt in diesem land unter die räder
aber die vermögen werden nur durch schädigen erworben.
um zu einem mittagessen zu kommen
braucht es der tapferkeit, mit der sonst reiche gegründet werden.
ohne dem tod ins auge zu sehen
hilft niemand einem andern.

wer die unwahrheit sagt, wird auf händen getragen
wer dagegen die wahrheit sagt, der braucht eine leibwache
aber er findet keine.

bertolt brecht

berthold viertel zum 28. 6. 43
santa monica

das buch

EIN VERWUNDETER SOLDAT SITZT NEBEN DEM ALTEN PERE GUSTAVE, DER EINEN PNEU FLICKT.

SIMONE SITZT FÜR SICH NEBEN DEM REGENTANK UND LIEST IN DEM BUCH. IM HINTER-

GRUND STEHEN DIE BRÜDER FRIEUR/*die Chiffrie du Kobellina* UND STARREN IN DEN NEBEL. MAN HÖRT FLIEGERLÄRM.

ES IST DER ABEND DES 14. JUNI.

ROBERT: es müssen die unsern sein.

MAURICE: es sind nicht die unsern.

ROBERT: aber sie kommen aus dem süden.

MAURICE: denn stehen die deutschen schon im süden.

ROBERT: das ist unmöglich, weil sie nicht über die loire kommen. (RUFT ZU DEM

VERWUNDETEN SOLDATEN HINÜBER) george, was sind das für welche?

DER SOLDAT (VORSICHTIG SEINEN BANDAGIERTEN ARM BEWEGEND): es ist so merkwürdig

heute morgen. jetzt ist euch im oberarm kein gefühl mehr.

PERE GUSTAVE: beweg ihn nicht immerfort. das ist schlecht.

SOLDAT: meinst du, es kann die bandage sein? er ist wirklich viel steifer gewor-

den seit gestern.

PERE GUSTAVE: simone, bring george einen tropfen von dem apfelwein im schuppen!

SIMONE SCHEINT NICHT ZU HÖREN, LIEST WEITER.

201 »Die Geschichte der Simone Machard«, Typoskript der
ersten Fassung 1942
202/203 Miniaturen, die Brecht in das Typoskript eingeklebt
hat
204 Mit Lion Feuchtwanger, 1947
**Er hat Sinn für Konstruktion, versteht sprachliche Feinheiten zu
schätzen, hat auch poetische und dramaturgische Einfälle, weiß
viel von Literatur, respektiert Argumente und ist menschlich
angenehm, ein guter Freund.**
(Arbeitsjournal, 3. Januar 1943)
Mit Lion Feuchtwanger arbeitete Brecht in den USA an den
»Geschichten der Simone Machard«. Das Foto wurde am Tag
vor der Abreise Brechts nach Washington gemacht.

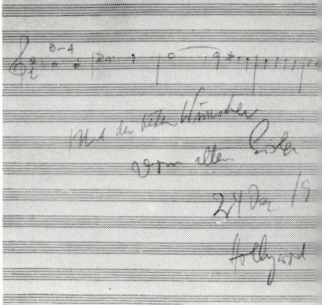

205 Hanns Eisler in Santa
Monica, etwa 1943
206 Musikalische Weihnachts-
grüße Eislers für Brecht, 1944
**Eisler mag das Lied »Und was
bekam des Soldaten Weib«
nicht. Das »etsch« darin mißfiel
ihm. Er sagt: »Und was, wenn
ich meiner Mutter 1917 aus Ita-
lien ein Stück Salami heimge-
schickt hab? Die Generäl'
nehmen sich die Klaviere und
Teppiche, und der gemeine
Mann hält sich ein bissel schad-
los, indem er seiner Frau Schuh
kauft. Das ist, was er vom Krieg
hat, wenig.« – Es ist eine
schwierige Frage.**
(Arbeitsjournal, 9. Mai 1947)

IM WIRTSHAUS ZUM KELCH SITZEN SCHWEYK UND BALOUN BEIM FRÜHSCHOPPEN. DIE WIR-

Am Schanktisch sitzt die junge Prohaska.

TIN FRAU ANNA KOPECKA BEDIENT EINEN BETRUNKENEN SS-MANN.

<u>Frau Kopecka</u>: Sie haben 5 Pilsner und ein sechstes möcht ich Ihnen lieber

nicht geben, weil Sies nicht gewohnt sind.

<u>SS-MANN</u>: Geben Sie mir noch eines, das ist ein Befehl, Sie wissen was das

heisst und wenn Sie vernünftig sind und kuschen, weih ich Sie in das Geheim-

nis ein, es wird Sie nicht reuen.

<u>Frau Kopecka</u>: Ich wills nicht wissen. Darum geb ich Ihnen kein Bier mehr,

dass Sie nicht Ihre Geheimnisse ausplaudern und ich hab die Bescherung.

<u>SS-MANN</u>: Das ist sehr klug von Ihnen, ich möchte es Ihnen auch geraten ha-

ben. Wer dieses Geheimnis weiss, wird erschossen. Sie haben ein Attentat auf

den Adolf gemacht, in München. Er ist beinah draufgegangen, um ein Haar.

<u>Frau Kopecka</u>: Ihren Mund haltens. Sie sind besoffen.

<u>SCHWEYK</u> (freundlich vom Nebentisch): Was für ein Adolf is es denn? Ich kenn

zwei Adolfe. Einen, der war Kommis beim Drogisten Pruscha und is jetzt im

Kazett, weil er konzentrierte Salzsäure nur an Tschechen verkaufen hat wol-

len und dann kenn ich noch den Adolf Kokoschka, der was den Hundedreck sam-

melt und auch im Kazett is, weil er geäussert haben soll, dass der Dreck von

er englischen Bulldoge der beste is. Um beide is kein Schad.

207 »Schweyk im zweiten Weltkrieg«, Typoskript mit Korrekturen Brechts, 1943
»Schweyk im zweiten Weltkrieg« wollte Brecht anfangs von
Kurt Weill vertonen lassen. Nach seiner Trennung von Weill
nahm sich Eisler in den 50er Jahren des Stückes an.

208 Mit Charles Laughton, 1945
209 Laughton mit Ruth Berlau, 1945

Wir arbeiten die meiste Zeit immer noch am »Galilei«, der bei Laughtons Hörern im Lazarett völlig ungewöhnliches Interesse findet. Die Atombombe hat tatsächlich die Beziehung zwischen Gesellschaft und Wissenschaft zu einem Leben-und-Tod-Problem gemacht.
(Arbeitsjournal, 20. September 1945)

Die Zusammenarbeit mit Laugthon war die klassische in der Profession, Stückschreiber und Schauspieler. An gewissen Stellen sah er das Stück abfallen, und dann baute er sich auf wie ein nicht aus dem Weg zu schaufelnder Fleischberg, bis die Änderung gefunden und gemacht war.
(Arbeitsjournal, 10. Dezember 1945)

210 Mit Charles Laughton bei der Auswahl eines Astrolabs für die amerikanische Aufführung des »Galilei«, 1946
Nazideutschland kapituliert bedingungslos.
Früh sechs Uhr im Radio hält der Präsident eine Ansprache. Zuhörend betrachte ich den blühenden kalifornischen Garten.
(Arbeitsjounal, 8. Mai 1945)

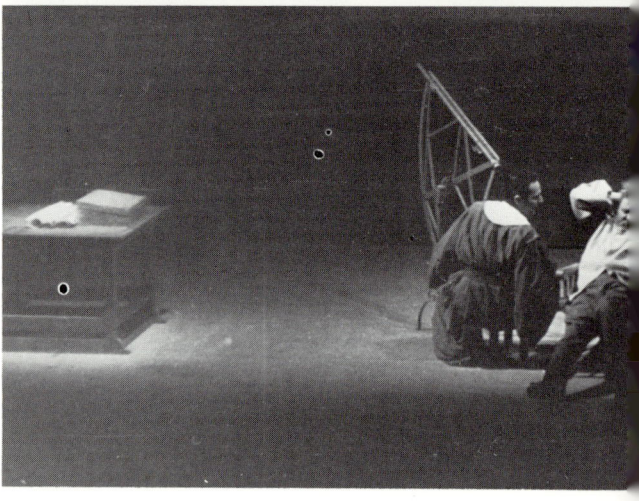

211 Mit Charlie Chaplin bei der Premiere von »Galileo Galilei«,
Beverly Hills 1947
212 Laughton als Galilei, New York 1947
Am 30. Juli 1947 wurde am Cornet Theatre in Beverly Hills
»Galileo Galilei« mit Charles Laughton in der Titelrolle aufge-
führt, Regie: Joseph Losey. Am 7. Dezember 1947 wurde die
Aufführung im Maxim Elliots Theatre New York gezeigt.
213 Mit Charles Laughton bei einem Rundfunk-Interview bei der
CBS für die New Yorker Aufführung des »Galilei«

SMOKE SCREEN is thrown up by cigar of German-born Writer Berthol[d]
Brecht, an acquaintance of Communist Gerhard Eisler. His thick accent myst[i]
[f]ied the committee, which excused him after he denied being a party membe[r]

214 Brecht vor dem Kongreßausschuß für unamerikanische Betätigungen, Washington 1947
Im Oktober 1947 wurde Brecht zusammen mit Filmschaffenden
und Komponisten zum Verhör geladen.
Das Verhör ist unverhältnismäßig höflich und endet ohne Ankla-
ge; es kommt mir zugute, daß ich mit Hollywood beinahe nichts
zu tun hatte, in amerikanische Politik nie eingriff und meine Vor-
gänger auf dem Zeugenstand den Kongreßleuten die Anwort
verwehrt hatten. – Die 18 sind sehr zufrieden mit meiner Aussa-
ge, auch die Anwälte. Ich verlasse Washington sofort, zusammen mit Losey und Hambleton, die hingekommen waren. –
Abends höre ich mit Helli und Budzislawskis im Radio Teile meines Verhörs.
(Arbeitsjournal, 30. Oktober 1947)
215 Mit Stefan, 1945
216 Brecht, Santa Monica, 1947

Feldmeilen 1947–1948

Rückkehr

Die Vaterstadt, wie find ich sie doch?
Folgend den Bomberschwärmen
Komm ich nach Haus.
Wo denn liegt sie? Wo die ungeheuren
Gebirge von Rauch stehn.
Das in den Fernen dort
Ist sie.

Die Vaterstadt, wie empfängt sie mich wohl?
Vor mir kommen die Bomber. Tödliche Schwärme
Melden euch meine Rückkehr. Feuersbrünste
Gehen dem Sohn voraus.

(1943)

217 Brecht, Feldmeilen bei Zürich 1947
218 Brecht, Zürich 1949
Nach dem Verhör vor dem Ausschuß für unamerikanische Betätigungen flog Brecht nach Paris und reiste weiter nach Zürich. Helene Weigel und die Tochter Barbara sowie Ruth Berlau folgten später auf dem Schiffswege nach. Brecht nahm Verbindungen zu
Freunden und Mitarbeitern auf.

219 Mit Therese Giehse und Schweizerischen Bekannten, Feldmeilen 1948

220 Mit Max Frisch bei der Besichtigung einer Neubaustelle
Frisch führt mich durch städtische Siedlungen mit Drei- oder Vierzimmerwohnungen in riesigen Häuserblöcken. Häuserfronten zur Sonne gewendet, zwischen den Häusern ein bißchen Grün, im innern »Komfort« (Badewanne, elektrische Kochöfen), aber alles winzig, es sind Gefängniszellen, Räumchen zur Wiederherstellung der Ware Arbeitskraft, verbesserte Slums.
(Arbeitsjournal, 11. Juni 1948)

221 Mit Caspar Neher, 1948
222 Antigone, Zeichnung von
Caspar Neher, auf Seide, 1947

Brecht bearbeitete die »Antigone« von Sophokles und inszenierte das Stück, zusammen mit
seinem Freund Caspar Neher,
der auch das Bühnenbild
schuf, mit Helene Weigel in
der Titelrolle. Mit der Aufführ-
rung sollte zugleich ausprobiert werden, ob die Weigel
nach der langen Pause als
Schauspielerin in großen Rollen auftreten konnte. Deshalb
wurde für das Experiment das
Stadttheater der kleinen Stadt
Chur ausgesucht. Die Premiere
fand am 15. Februar 1948 statt
und wurde ein voller Erfolg für
Helene Weigel.

223 Brecht auf der Probe zu »Antigone« bei der Prüfung der Maskenstäbe, Chur 1948

Habe zwischen 30. November und 12. Dezember eine »Antigone-bearbeitung« fertiggestellt, da ich mit Weigel und Cas die »Courage« für Berlin vorstudieren möchte, dies in Chur, wo Curjel sitzt, tun kann, dafür aber eine zweite Rolle für die Weigel brauche.

(Arbeitsjournal, 16. Dezember 1947)

224/225 Helene Weigel als Antigone, Chur 1948

Mit Helli machte ich eine Neubearbeitung der »Antigone« in Chur, ein Versuch in der Richtung, von der wir sprachen: zu untersuchen, was wir tun können für die alten Stücke und: was sie für uns tun können. Helli war außerordentlich, und ich hatte wieder Caspar Neher für das Bühnenbild. Im übrigen betreiben wir das anstrengende Geschäft der Exilierten: das Warten.
(Brief an Reyher, April 1948)

Mit der Weigel geht es wie mit Laughton; die epische Spielweise kann sich gegen eine umgebende dramatische nur verteidigen, nicht zum Angriff übergehen; auch existiert da nichts Mittleres, auf das solch ein Schauspieler zurückgreifen könnte – eine Gedankenlosigkeit, und die Kurve verbiegt sich, unreparierbar für den Abend und ohne neue Probe. Gaugler ist eine Entdeckung, zunächst hauptsächlich im Pantomimischen.
(Brief an Curjel, 7. Februar 1948)

ANTIGONE DES SOPHOKLES

nach der Hölderlin'schen Übertragung
für die Bühne bearbeitet von Brecht

Regie: Caspar Neher - Bertolt Brecht
Bühnenbild: Caspar Neher

Personen:

...ne	Helene Weigel a. G.
.. . .	Marita Glenck
.. . .	Hans Gaugler
..a	Jan Steinberg
..r	Arthur Stärkle
..s	Hans Sanden
.. . .	Hermann Schell
..änner von Theben	Peter Drost
	Hans Duran
	Alfred Schultz
	Ludwig Zimmerlin
. . . .	Valeria Steinmann
. . . .	Olga Gloor
	Xenia Hagmann

Keine Pause

226 Mit Helene Weigel als
Antigone und Hans Gaugler
als Kreon, Chur 1948
227 Programmzettel der Aufführung in Chur.

228 Hanne Hiob mit ihrer Mutter, Marianne Lingen, geb. Zoff, 1948
229 Aufschrift auf der Rückseite des Fotos
Marianne schickte das Bild an Brecht nach Feldmeilen.
230 Mit Barbara und Fritz Kortner, Zürich 1949
231 Mit Hanne in Feldmeilen, 1948

Brechts Tochter aus erster Ehe, Hanne, war Schauspielerin geworden. Brecht schlug sie Gründgens als Besetzung für die Uraufführung der »Heiligen Johanna der Schlachthöfe« vor.

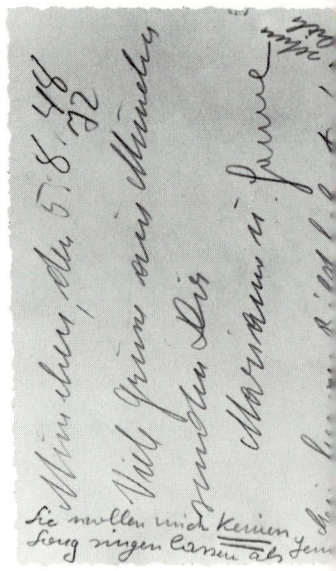

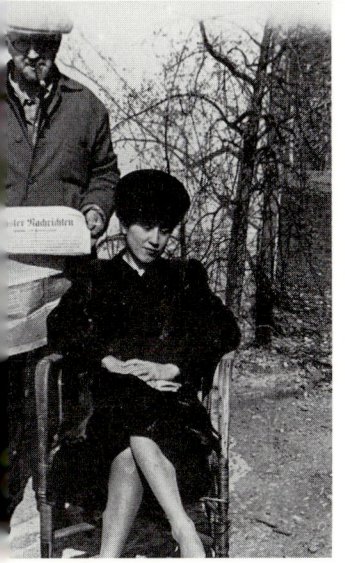

Berlin 1948–1956

Wahrnehmung

Als ich wiederkehrte
War mein Haar noch nicht grau
Da war ich froh.

Die Mühen der Gebirge liegen hinter uns
Vor uns liegen die Mühen der Ebenen.

(1949)

Seite 205: 232 Brecht, 1952
233 Ankunft in Dresden, Oktober 1948

Gestern abend sahen wir nur bei Einfahrt im Dunkeln die Ruinen
der Friedrichstraße, undeutlich. Früh sechs Uhr dreißig gehe ich
die zerstörte Wilhelmstraße hinunter zur Reichskanzlei. Sozusagen meine Zigarre dort zu rauchen. Ein paar Arbeiter und Trüm-
merweiber. Die Trümmer machen mir weniger Eindruck als der
Gedanke daran, was die Leute bei der Zertrümmerung der
Stadt mitgemacht haben müssen.
(Arbeitsjournal, 23. Oktober 1948)

234 Mit Helene Weigel bei einer Friedenskundgebung des Kul-
turbundes, Berlin 1948

Ich war erfreut, schon einen Tag nach meiner Rückkehr in Berlin,
der Stadt, von der einer der furchtbarsten Kriege ausgegangen
ist, einer Kundgebung der Intellektuellen für den Frieden bei-
wohnen zu können. Der Anblick der ungeheuerlichen Verwü-
stungen erfüllt mich nur mit einem Wunsch: auf meine Weise dazu beizutragen, daß die Welt endlich Frieden bekommt. Sie
wird unbewohnbar ohne Frieden.
(Brief an Frau Hay, 25. Oktober 1948)

235 Mit Helene Weigel auf einer Probe zu »Mutter Courage
und ihre Kinder«, Deutsches Theater Berlin
236 »Mutter Courage und ihre Kinder«, Szenenfoto der Aufführung mit dem Berliner Ensemble, mit Helene Weigel (Courage),
Angelika Hurwicz (Kattrin), Ekkehard Schall (Eilif) und Heinz
Schubert (Schweizerkas)
237 Mit Helene Weigel bei der Verbeugung nach der Premiere,
1949
Am 11. Januar 1949 fand die Premiere von »Mutter Courage und
ihre Kinder« am Deutschen Theater Berlin statt, Regie: Bertolt
Brecht und Erich Engel. Die Aufführung ging ein in die Theater-
geschichte und begründete nach dem Urteil wichtiger Kritiker
eine neue Epoche der Theaterkunst.
Die Couragefigur Hellis jetzt herrlich, von großer Kühnheit.
(Arbeitsjournal, 11. Januar 1949)

238 Mit George Pfanzelt,
Augsburg 1949
239 Vor dem Augsburger
Wohnhaus, Bleichstr. 2, 1949
Brecht reiste nach der »Courage«-Aufführung nochmals in
die Schweiz sowie
seine Heimatstadt Augsburg.

**Die 15 Jahre des Exils über verspürte ich keinerlei Bedauern,
nicht mehr in meiner Heimatstadt oder in Berlin sein zu können. Orte von Kindheitserinnerungen, Höfe, in denen die
Knaben Hütten aus Laub bauten, die Zementschrägung an
einem Flußwehr, gut für Sonnenbäder, in den Händen der
Nazis waren aus ihnen für mich
Lokalitäten geworden, die man
in Zeitungen schmierig abgebildet sieht, weil dort Verbrechen
begangen wurden.**
(Gespräche mit jungen Intellektuellen, etwa 1950)

210

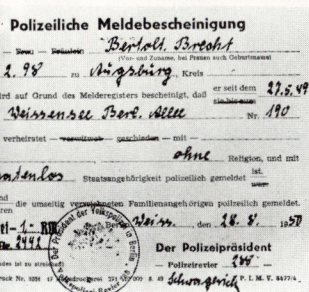

Polizeiliche Meldebescheinigung

Berloft. Brecht
(Vor- und Zunahme, bei Frauen auch Geburtsname)

_2.98_ zu _Augsburg_ Kreis _er seit dem 27.5.49_

wird auf Grund des Melderegisters bescheinigt, daß

Weissensee Berl. Allee Nr. _190_

- verheiratet -verwitwet- geschieden - mit

ohne Religion, und mit

tenlos Staatsangehörigkeit polizeilich gemeldet ist.

und _die umseitig vermerkten Familienangehörigen polizeilich gemeldet_

tl-1- Riß _Weiss.,_ den _28. 8'_ _1950_

Der Polizeipräsident
- Polizeirevier _247_ -

Schwangerich

240 Berlin-Weißensee, Berliner Allee 190
Ich wohne in Weißensee, teilweise im Grünen, grüne Flekken gibt es immer noch in dem großen Trümmerhaufen, die Bäume zumindest sind unverändert. Aber ich würde gern wieder einen Spaziergang am Lech machen, den es ja wohl auch noch gibt, die modernen Waffen sind vorzüglich, aber eben auch nicht vollkommen.
(Brief an Pfanzelt, Mitte 1949)
241 Polizeiliche Meldebescheinigung, 1950
Ich bin jetzt drei Monate in Berlin, habe (zusammen mit Engel) die »Courage« inszeniert und das Ergebnis meines Umschauens ist folgendes: Es ist sehr nötig und ganz möglich, das Theater hier wieder in Schwung zu bringen.
(Brief an Piscator, 9. Februar 1949)

242 Brecht, 1954
**Wenn ich in einem Buch lese »ein Mann von siebenundvierzig«,
denke ich: Was, und er will noch mitreden? Und ich selbst bin
dreiundfünfzig.**
(Arbeitsjournal, 3. November 1952)
243 Handschrift des Gedichts »An meine Landsleute« für
Wilhelm Pieck, 1949
Wilhelm Pieck wurde am 7. Oktober 1949 bei der Gründung
der Deutschen Demokratischen Republik der erste Präsident
des Staates. Brecht widmete ihm zu seinem Amtsantritt das
Gedicht.

244 Mit Hella Wuolijoki, Berlin
1949

**Ich bin im besten Einvernehmen
mit Hella Wuolijoki. Sie war in
Berlin, besuchte die »Puntila«-
Aufführung, sah Plakat und
Programmheft und äußerte sich**
sehr erfreut über die Aufführung.

(Brief an das »Neue Deutschland«
vom 14. März 1952)

245 Mit den Schauspielern
Erwin Geschonneck und Leonard Steckel vor dem Deutschen Theater, 1949

Auf Veranlassung der Sowjeti-
schen Militäradministration
und des Zentralkomitees der
Sozialistischen Einheitspartei
Deutschlands wurde im Frühjahr die Gründung eines neuen
Ensembles in Berlin beschlossen. Das neue Theater mit Helene Weigel als Intendantin
und Brecht als Erstem Spielleiter wurde »Berliner Ensemble«
genannt. Von 1949–1954 spiel-
te es gastweise auf der Bühne
des Deutschen Theaters, bis es
– nach dem Wiederaufbau der
»Volksbühne« – von diesem
Zeitpunkt ab im Theater am
Schiffbauerdamm sein endgül-
tiges Domizil bekam. Seit dem
1. September 1949 verfügte das
neue Theater über ein eigenes
Ensemble, zu dem Brecht bekannte Exilschauspieler als Gä-
ste verpflichtete.

246 »Herr Puntila und sein Knecht Matti«, Berliner Ensemble
1949
Szene mit Leonard Steckel als Puntila und Erwin Geschonneck
als Matti.
Mit »Herr Puntila und sein Knecht Matti« stellte sich das Berliner Ensemble erstmals der Öffentlichkeit vor, Premiere am 12. 11.
1949 im Deutschen Theater, Regie: Erich Engel und Bertolt
Brecht, Bühnenbild: Caspar Neher.
**Die Puntilapremiere gestern abend ging mit Gelächter und vie-
len Vorhängen vor sich. Die Mittelloge haben die Russen der
neuen Regierung überlassen, die sich an Gelächter und Beifall
beteiligte. Das Berliner Ensemble – wir ließen als ständiges
Theaterzeichen die Friedenstaube des Picasso auf den Vorhang
des Deutschen Theaters nähen – stellt eine riesige Leistung der
Weigel dar.**
(Arbeitsjournal, 13. November 1949)

247 Verleihung des National-
preises an Helene Weigel,
Oktober 1949
Helene Weigel erhielt den
Preis für ihre Darstellung der
Courage.
248 Handschrift Brechts für Helene Weigel, 1949
Transkription:
**liebe helli, dank für ein gutes
jahr, von dem du das größte
warst. b**
(Dezember 1949)

249 Verleihung des National-
preises an Bertolt Brecht, Oktober 1951
Gratulation durch den dama-
ligen Präsidenten der DDR,
Wilhelm Pieck.
250 Mit Helene Weigel und
Mitarbeitern des Berliner
Ensembles zum 1. Mai 1954
**Das Berliner Ensemble fährt auf
seinem Lastwagen, Barbara
sitzt auf dem Couragewagen
und schwenkt eine rote Fahne.
Helli wird durch alle Straßen
hindurch begrüßt, Frauen halten
tatsächlich die Kinder hoch:
»Die Mutter Courage!«**
(Arbeitsjournal, 1. Mai 1950)

251 »Die Mutter«, Leipzig 1950,
mit Ruth Berlau auf der Probe
252 Ruth Berlau
Brecht nahm 1950 an einigen
Proben des Stücks an den Leip-
ziger Kammerspielen teil, das
Ruth Berlau inszenierte. Ruth
Berlau war als Brechts Mitar-
beiterin in der Dramaturgie des
Berliner Ensembles tätig, sie
fotografierte, fertigte Modell-
bücher an und gab einige
davon heraus.
253 »Die Mutter«, Berliner
Ensemble 1951
Brecht inszenierte das Stück mit
Helene Weigel in der Titelrolle,
Bühnenbild: Caspar Neher
(Premiere: 12. 1. 1951). Szene mit
Helene Weigel, Ernst Busch
(Lapkin), Carola Braunbock
(Mascha), Kurt Sperling (Ste-
pan), Gert Schaefer (Archip).

254 Mit Hanns Eisler, 1950

Aber so eigenwillig, unverkennbar, überraschend er sein mag,
er ist kein Einzelgänger. In sein Werk eintretend, übergebt Ihr
Euch den Antrieben und Aussichten einer neuen Welt, die sich
eben bildet. (Zum Geleit, 1955)

255 Mit Paul Dessau

**Dessau hat ganz neue Aus-
drucksformen gefunden, die
unsere Komponisten studieren
sollten. Er versteht es, Arien
aus einem Text zu formen, der
bisher nur Rezitative hergab.
Seine Musik vermag die Gefühle der Menschen auszudrücken.**
(Dessaus Lukullus-Musik, 1951)

256 »Die Verurteilung des Lukullus«, Deutsche Staatsoper
Berlin 1951
Die Uraufführung der Oper
(unter dem Titel des Hörspiels)
»Das Verhör des Lukullus« fand
in einer Probeaufführung am
17. März 1951 in der Deutschen
Staatsoper Berlin unter dem Di-
rigenten Hermann Scherchen
statt. Regie: Wolfgang Völker,
Bühnenbild: Caspar Neher, mit
Alfred Hügert in der Titelrolle.
Nach der Überarbeitung, über
die mit Brecht und Dessau beraten worden war, wurde die
Oper mit dem neuen Titel »Die
Verurteilung des Lukullus« am
12. 10. 1951 in den Spielplan der
Deutschen Staatsoper aufgenommen.
257 Brecht in der Deutschen
Staatsoper Berlin, 1951

Offener Brief an die deutschen
Künstler und Schriftsteller

Mit Entsetzen habe ich, wie viele andere, der Rede Otto Gro
wohls, in der er eine gesamtdeutsche Beratung zur Vorbereit
allgemeiner freier Wahlen fordert, entnommen, wie ernst die
Regierung der Deutschen Demokratischen Republik die Lage in
Deutschland beurteilt.
Werden wir Krieg haben? Die Antwort: Wenn wir zum Krieg rüs
werden wir Krieg haben. Werden Deutsche auf Deutsche schieß
Die Antwort: Wenn sie nicht miteinander sprechen, werden si
aufeinander schießen.
In einem Land, das lange Zeit seine Geschäfte einheitlich
geführt hat, und das plötzlich gewaltsam zerrissen wird, gi
allerorten und allezeit viele Konflikte, die geschlichtet we
müssen. Dies kann auf viele Weisen geschehen. Wenn es Heere
gibt, wird es auf kriegerische Weise geschehen. Spätestens
die Gefahr auftaucht, daß solche Heere entstehen, muß unter
allen Umständen eine neue Anstrengung gemacht werden, die
Wiedervereinigung auf friedlichem Wege herbeizuführen, welc
abgesehen von den ungeheuren Vorteilen solcher Einheit, die
flikte beseitigt. Die Menschen aller Berufe, alle gleich be
droht, müssen dazu beitragen, die Spannungen zu beseitigen,
entstanden sind. Als Schriftsteller wende ich mich an die
deutschen Schriftsteller und Künstler, ihre Volksvertretung
ersuchen, in einem frühen Stadium der erhofften Verhandlung
folgende Vorschläge zu besprechen:

    1. Völlige Freiheit des Buches, mit einer Einschränkung
    2. Völlige Freiheit des Theaters, mit einer Einschränku
    3. Völlige Freiheit der bildenden Kunst,
       mit einer Einschränkung.
    4. Völlige Freiheit der Musik, mit einer Einschränkung.
    5. Völlige Freiheit des Films, mit einer Einschränkung.

Die Einschränkung: Keine Freiheit für Schriften und Kunstwe
welche den Krieg verherrlichen oder als unvermeidbar hinste
und für solche, welche den Völkerhaß fördern.
Das große Carthago führte drei Kriege. Es war noch mächtig
dem ersten, noch bewohnbar nach dem zweiten. Es war nicht me
auffindbar nach dem dritten.

Berlin, 26. September 1951

258 Offener Brief, 1951
Brecht schickte den Brief an Künstler und an Zeitungen in der
DDR und in der BRD.
259 Brecht, 1952
**Ich habe meine Meinungen nicht, weil ich hier bin, sondern ich
bin hier, weil ich meine Meinungen habe.**
(Apell an die Vernunft, 1952)

260 Bei einem Jugendtreffen, 1953
261 Mit der Schauspielerin Regine Lutz bei einer Probe zu »Katzgraben«, 1953
262 Helene Weigel mit Isot Kilian auf der Tribüne bei der Demonstration zum 1. Mai 1952

Das Pfingsttreffen der FDJ verändert die Stadt ganz und gar. Wie eine enthaltsame alte Krämerin, die sich betrinkt, wird sie lustig und versteht sich nicht. Abends, auf den Plätzen, bricht eine Art Neapel aus. Man hört überall ihre kleinen Kapellen. Sie hocken auf dem Rasen und sehen im Freien Filme.
(Arbeitsjournal, 26. Mai 1950)

263 Buckow, Brechts Landhaus

Mit Helli in Buckow in der Märkischen Schweiz Landhäuser
angesehen. Finden auf schönem
Grundstück am Wasser des
Schermützelsees unter alten
großen Bäumen ein altes, nicht
unedel gebautes Häuschen mit
einem andern, geräumigeren
aber ebenfalls einfachen Haus
daneben, etwa 50 Schritt
entfernt. Etwas der Art wäre er-
schwinglich, auch im Unterhalt.
In das größere Haus könnte
man Leute einladen.

(Arbeitsjournal, 14. Februar 1952)

264 Helene Weigel mit Sohn
Stefan, Buckow 1952

265 Arbeitszimmer Brechts in Buckow
266 Brecht, Buckow 1954
Haus und Umgebung in Buckow ist ordentlich genug, daß ich wieder etwas Horaz lesen kann. Daß er in den Satiren, die zu sorgfältig geschrieben sind, um nur für den Tag gemeint zu sein, offenbar recht schwache Dichter ganz schamlos lobt, zeigt, wie er sich auf die Nachwelt verlassen zu können glaubt. Oder denkt er, daß die Güte seiner lobenden Verse das Lob auslöscht?
(Arbeitsjournal, 15. Juli 1952)

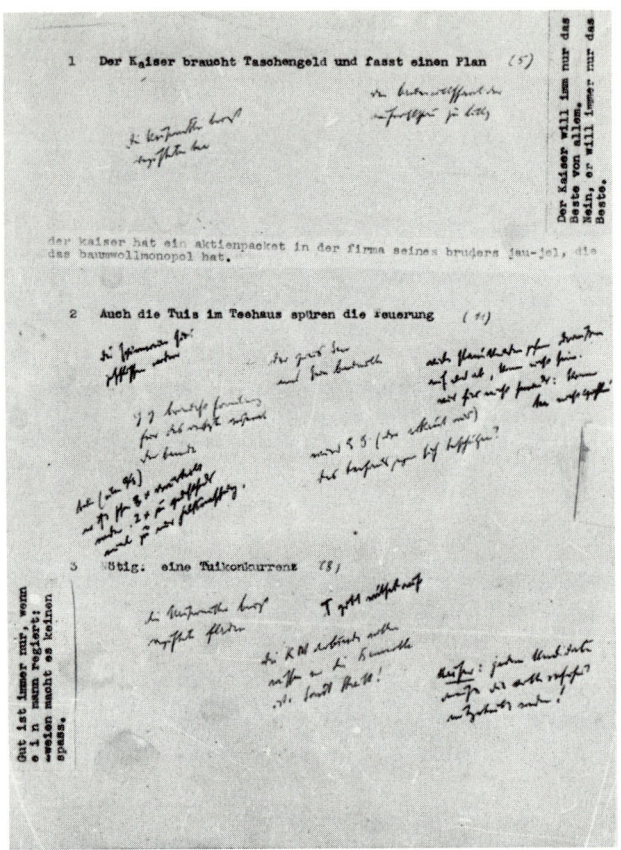

267 »Turandot oder Der Kongreß der Weißwäscher«, Plan
Brechts, 1953
Das Stück »Turandot« sowie die Bearbeitung des »Coriolan«
von Shakespeare und »Katzgraben« von Strittmatter entstanden zu großen Teilen in Buckow.

268 Brecht, 1953
Ich habe meiner Erinnerung nach niemals eine Zeile geschieben,
wenn ich mich nicht wohl befand, körperlich. Allein dieses
Wohlbefinden verleiht die Souveränität, die zum Schreiben
nötig ist. (Arbeitsjournal, 25. Dezember 1952)

269 Mit Erwin Strittmatter, 1952
Strittmatter zeigte Mitarbeitern des Berliner Ensembles das Dorf
in der Lausitz, das ihm den Stoff zu seiner Komödie »Katzgraben« geliefert hatte.

Das Wichtigste freilich sind Strittmatter die neuen Menschen seines Stücks. »Katzgraben« ist ein Hoheslied ihrer neuen Tugen-
den. Ihrer Geduld ohne Nachgiebigkeit, ihres erfinderischen
Muts, ihrer praktischen Freundlichkeit zueinander, ihres kriti-
schen Humors. Sprunghaft verändert im Laufe des Stücks das
soziale Sein ihr Bewußtsein. Die Bauern, die der ersten Vorauf-
führung beiwohnten, erkannten sich wieder in diesem Stück und
diskutierten freundlich mit dem Autor seine Ansichten.
(Erwin Strittmatters »Katzgraben«, 1953)

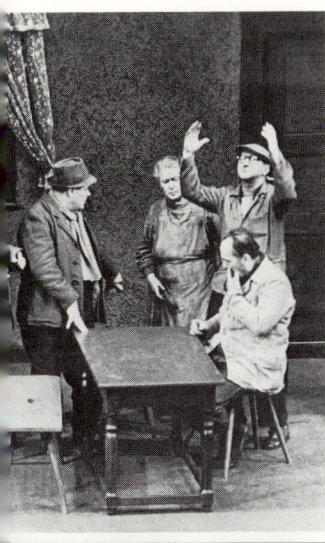

270 »Katzgraben«, Brecht auf der Probe mit Bella Waldritter, Gerhard Bienert, Friedrich Gnaß und Erwin Geschonneck, 1953

271 »Katzgraben«, Helene Weigel als Großbäuerin und Hans Hamacher als Großmann, Berliner Ensemble

B. Eine geniale Schauspielerin ist die Weigel.

X. Was ist Genie?

B. Genie ist Interesse. (Genie, 1953)

B. Warum eigentlich der Kropf und die schiefe Schulter?

HW. Das zeigt, er hat sie ihres Geldes wegen geheiratet. Und hätte ich nicht Geld im Hof stecken, würde er sich mein Herumregieren nicht gefallen lassen. Ich selbst käme nicht darauf, herumzuregieren ohne dieses Geld, da ich religiös erzogen bin und „dem Manne untertan". Diese Vorgeschichte hilft auch der Kleinschmidtin, ja sogar der Mittelländerin: Ihre Männer stehen anders zu ihnen. (Die Weigel, 1953)

Unsere Zuschauer müssen nicht nur hören, wie man den gefesselten Prometheus befreit, sondern auch sich in der Lust schulen, ihn zu befreien. Alle die Lüste und Späße der Erfinder und Entdecker, die Triumphgefühle der Befreier müssen von unserm Theater gelehrt werden. (Politik auf dem Theater, 1953)

272 Brecht im Bibliothekszimmer, Berlin, Chausseestraße 125
Im Oktober 1953 zog Brecht von der Berliner Allee in Weißensee in die Chausseestraße 125 um.
273 Typoskript eines Briefes an Peter Suhrkamp, März 1954

lieber suhrkamp,   8. März 1954

       ich wohne jetzt in der chausseestrasse, neben dem

'französischen' friedhof, auf dem hugenottengeneräle und hegel und

fichte liegen. meine fenster gehen alle auf den friedhofpark hinaus.

er ist nicht ohne heiterkeit. ich wohne in drei zimmern der ersten

etage im hinterhaus, das wie das vorderhaus etwa 15o jahre alt sein

soll. die zimmer sind hoch und so die fenster, die angenehme propor-

tionen haben. das grösste zimmer hat etwa 9 meter in geviert, sodass

ich für verschiedene arbeiten mehrere tische aufstellen kann. eigent-

lich alle masse sind anständig, es ist wirklich ratsam, in häusern und

mit möbeln zu wohnen, die zumindest 12o jahre alt sind, kixxxxx also in

früherer kapitalistischer umgebung bis man eine spätere sozialistische

haben wird. seit ich dem theater soviel näher wohne, habe ich meine

jungen leute natürlich noch öfter auf dem hals, sie kommen in raben-

schwürmen, aber Sie wissen, ich bin dafür.

und damit schliesse ich, der brief ist zur unterhaltung. (?)

274 Berlin, Chausseestraße 125
275 Großes Arbeitszimmer
276 Brechts Handzeichnung
der Wohnung

Brecht richtete sich in der
1. Etage, Helene Weigel in der
2. Etage des Hinterhauses und
des Seitenflügels ein. Im Erdgeschoß befanden sich eine Kü-
che, der gemeinsame Speise-
raum und die Garage.
Auf Brechts Zeichnung seiner
Räume in der 1. Etage markiert
der Pfeil den Treppenaufgang,
der ins große Arbeitszimmer
führt. Dort sind vorn der Zu-
gang in das kleine Schlafzimmer (mit eingezeichnetem Bett)
und darüber der Eingang in
Bad und Toilette zu sehen.
Vom großen Arbeitszimmer
führt nach unten eine Tür in
das Bibliothekszimmer, das
freilich wesentlich schmaler ist
als gezeichnet, von da in eine
kleine Teeküche.
Nach Brechts Tod wurden die
Räume von Helene Weigel im
ursprünglichen Zustand erhalten. Sie werden jetzt von der
Akademie der Künste der DDR
betreut und können im Brecht-
Haus Berlin besichtigt werden.

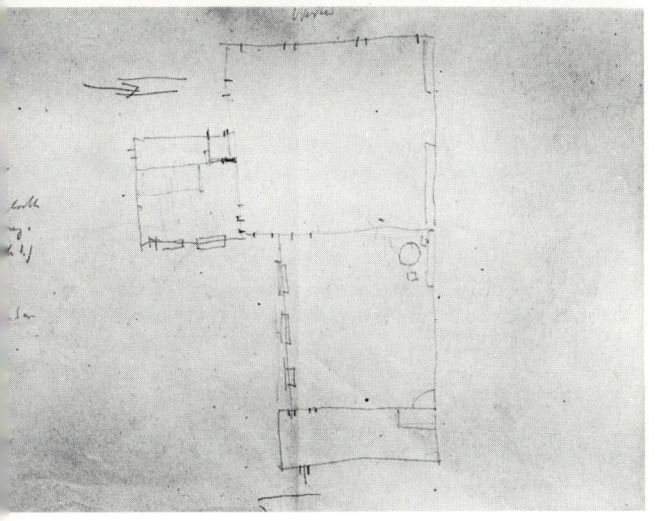

235

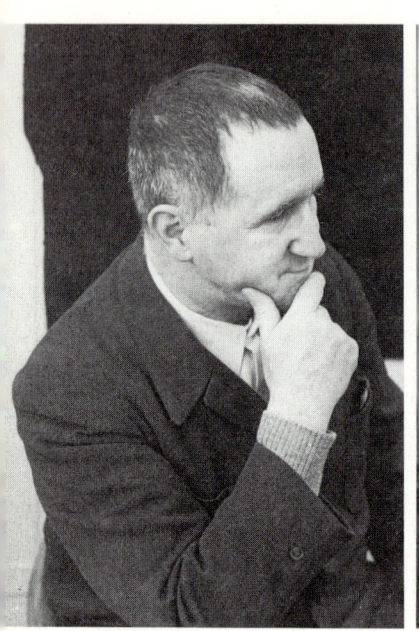

277 Brecht, 1955
278 Chausseestraße 125, Bibliothekszimmer

Bei mir war das bei der Berufswahl so: Zuerst habe ich Lieder
geschrieben, die ich auf der Gitarre meinen Bekannten vor-
sang, um ihnen und mir Spaß zu machen. Mit Theaterspielen habe ich angefangen, als ich andere Theaterstücke falsch fand. Ich
weiß natürlich nicht mehr, ob ich damit recht hatte. Ich dachte
mir: Nein, die Leute benehmen sich zueinander nicht so, wie es
in diesem Stück heißt, sondern ganz anders, und das versuchte
ich zu zeigen. Ich habe damit auch Geld verdient, und das hat
mir natürlich auch gefallen, und so kam eins zum andern. Eines
Tages war ich eben nichts geworden als ein Schriftsteller. So ist
es ein wenig spaßhaft geschrieben, und warum eigentlich nicht?
Für den Frieden muß man in jedem Beruf kämpfen.
(Brief an Junge Pioniere, 15. Januar 1952)

279/280 Helene Weigel, Chausseestraße 125

Brecht hat mir die Theaterleitung übertragen, weil er diese
Arbeiten nicht machen wollte. In den vielen Jahren, die wir zusammen gelebt hatten, mußte er gesehen haben, daß ich ein
wirkliches Organisationstalent habe. In Finnland und in Amerika
war nur ein Minimales an Geld vorhanden. Das war nicht immer
einfach. Als wir dann für das Theater einen Intendanten suchten,
sagte er: »Das kannst du.« Da habe ich gesagt: »Na schön!«
(Helene Weigel, 1969)

281 Berliner Ensemble am
Schiffbauerdamm
282 Brecht im Turm des Berliner Ensembles, Zeichnung von
Herbert Sandberg

**Theater spieltet ihr in Trümmern
hier / Nun spielt in schönem
Haus, nicht nur zum Zeitvertrei-
be. / Aus euch und uns ersteh
ein friedlich WIR / Damit dies
Haus und manches andre stehen bleibe!**

(Zum Einzug des »Berliner Ensembles« in das Theater am Schiffbauerdamm, 1954)

Mit Benno Bessons Inszenierung »Don Juan« eröffnete das
Berliner Ensemble am 19. März
1954 seine Arbeit im eigenen
Haus.

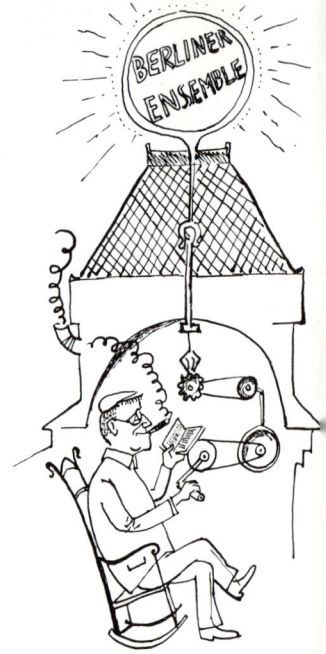

283 Brecht im Probenhaus Reinhardtstraße, 1954

Ich leite ein Theater in Ost-Berlin, das »Berliner Ensemble«, und bitte Sie um ihre Bewilligung dafür, daß wir Ihren herrlichen Plakatentwurf [...] zur Werbung, besonders auch an der Universität West-Berlin, verwenden dürfen. Lassen Sie mich Ihnen auch gleich gestehen, daß wir ihre Taube seit Gründung des Theaters als Vorhangzeichen benutzen. Mit herzlichem Respekt für alle Ihre schönen und nützlichen Arbeiten.

(Brief an Picasso, 13. November 1953)

284 Brecht, etwa 1952

Der Versuch, neues Theater
aufzubauen, nimmt mir die Zeit,
dafür zu schreiben.
(Brief an Gottfried von Einem, 7. Januar 1951)

285–287 Mit seinen Schülern
auf der Probe zu »Ziehtochter
oder Wohltaten tun weh«, Berliner Ensemble 1955

B. machte viel vor, jedoch ganz
kleine Stückchen, und er brach
mitten drin ab, um ja nichts Fertiges zu geben. Und er ahmte
dabei immer den Schauspieler
nach, dem er vormachte, freilich ohne sich zu verstellen. Seine Haltung dabei war: Leute
dieser Art tun derlei oft in solcher Weise.
Er liebte es, mit einem Stab von
Schülern zu inszenieren. Dabei
sprach er immer laut und rief
seine Vorschläge zumeist von
unten aus dem Zuschauerraum
her den Schauspielern zu – das
tat der Unmerklichkeit seines
Eingreifens keinen Abbruch –,
damit alle alles hören konnten.
Und er bemühte sich, »während
des Sprechens zu hören«.
Glückliche Vorschläge gab er
sofort weiter und immer mit der
Nennung des Vorschlagenden
»X sagte«, »Y meint«. Dadurch
wurde die Arbeit eine Arbeit
aller.
(Die Spielleitung Brechts, 1954)

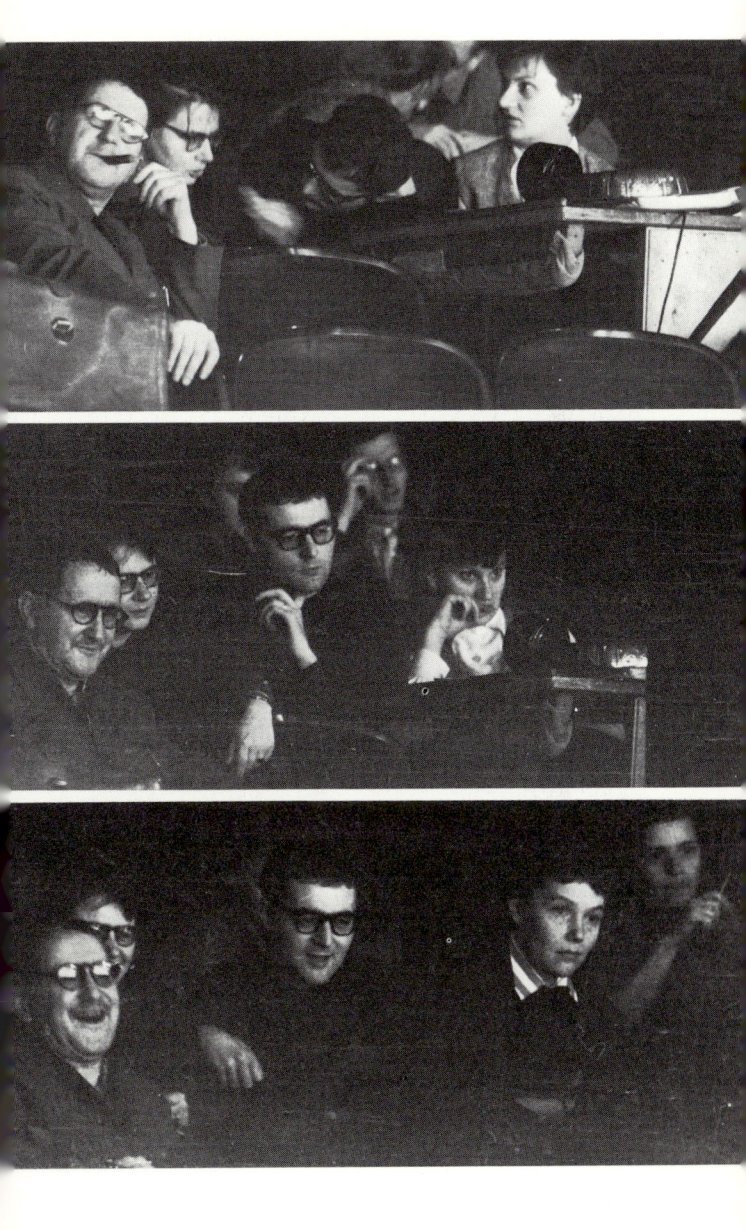

288 Auf der Probe von »Der
kaukasische Kreidekreis«, 1954,
mit Isot Kilian, Manfred Wekwerth und Ernst Busch
289 Brechts Mitarbeiterin Elisabeth Hauptmann

Brecht zog zur Mitarbeit glei-
chermaßen Freunde und Mitarbeiter aus den zwanziger Jahren wie junge Leute heran.
Elisabeth Hauptmann wurde
nach ihrer Rückkehr aus der
Emigration als Dramaturgin
ans Berliner Ensemble verpflichtet. Darüber hinaus
beauftragte sie Brecht mit der
Betreuung aller seiner Buchausgaben.

290 »Der kaukasische Kreidekreis«, Szene mit Helene Weigel
als Natella Abaschwili, dahinter Ekkehard Schall als Adjutant
sowie Norbert Christian und Wolf von Beneckendorff als
Rechtsanwälte, Berliner Ensemble 1954
Das Stück wurde am 7. 10. 1954 zum ersten Male aufgeführt, Regie: Bertolt Brecht, Ausstattung: Karl von Appen.

291 Mit Peter Suhrkamp und
Harry Buckwitz, Frankfurt/Main
1955
Brecht nahm in Frankfurt/Main
im April 1955 an Proben zu
dem Stück »Der kaukasische
Kreidekreis« teil, das von Harry
Buckwitz inszeniert wurde.
292 Mit Dmitri Schostakowitsch
auf der Tagung des Weltfrie-
densrates, Berlin 1954
**Lassen Sie uns gegen die
unkonventionellen Waffen, wie
die amerikanische Regierung
die Atombomben nennt, zu
unkonventionellen Mitteln der
Verbreitung des Wissens grei-
fen!**
(Rede, Mai 1954)

293 Mit Giorgio Strehler, Milano 1956
Brecht besuchte die Premiere der »Dreigroschenoper« in Mailand, die Giorgio Strehler inszeniert hatte.

Lassen Sie mich noch einmal für die exzellente Aufführung meiner »Dreigroschenoper« danken, die Sie unter Ihrem großen Regisseur gegeben haben. Feuer und Kühle, Lockerheit und Exaktheit zeichnen diese Aufführung vor vielen aus, die ich gesehen habe. Sie verschaffen dem Werk eine echte Wiedergeburt.

(Brief an alle Mitglieder des Piccolo-Theaters Mailand vom 27. Februar 1956)

294 Mit Manfred Wekwerth,
Ernst Busch und Isot Kilian,
Paris 1955
Das Berliner Ensemble führte
zahlreiche Gastspielreisen in
fast alle Hauptstädte Europas
durch.
295 Verleihung des Internationalen Stalin-Friedenspreises
für die Festigung des Friedens
unter den Völkern, Moskau
1955

Ich war 19 Jahre alt, als ich von
Ihrer großen Revolution hörte,
20, als ich den Widerschein
des großen Feuers in meiner
Heimat erblickte. Ich war Sanitätssoldat in einem Augsburger
Lazarett. Die Kasernen und sogar die Lazarette leerten sich,
die alte Stadt füllte sich plötzlich mit neuen Menschen, in
großen Zügen aus den Vor-
städten kommend, von einer
Lebendigkeit, welche die
Straßen der Reichen, der Ämter
und Kaufleute nicht kannten. Einige Tage lang sprachen Arbeiterfrauen in den schnell improvisierten Räten und wuschen
jungen Arbeitern in Soldatenkitteln die Köpfe, und die Fabriken hörten die Befehle der
Arbeiter.
(Rede, Moskau 1955)

296 Rede bei Übergabe von Protesterklärungen gegen die
Pariser Verträge, Dresden 1955

Ich übergebe die Unterschriften dem deutschen Friedensrat mit
der Bitte, sie auf dem nächsten Weltfriedenskongreß in Helsinki
dem Weltfriedensrat zu übergeben. Wir haben die feste Zuver-
sicht, daß auch Wasserstoffbomben den Traum der Menschen
von einem glücklichen Leben nicht vernichten können. Noch
können sie die großen neuen Ideen vernichten, die ein solches
glückliches Leben der Völker ermöglichen.
(Warnung vor Kriegen, 13. Februar 1955)

247

297 Barbara Brecht als Pegeen Mike in »The Playboy of the Western World«, Berliner Ensemble 1956

298 Mit Ekkehard Schall auf der Probe zu »Leben des Galilei«, 1956

299 Barbara Brecht mit Ekkehard Schall als ihr Verlobter, Shawn Keogh, in »The Playboy of the Western World«, Berliner Ensemble 1956

300 Mit Helene Weigel und Tochter Barbara auf dem Hof des Berliner Ensembles, 1954

Barbara Brecht begann nach ihrer Rückkehr aus dem Exil als Schauspielerin am Deutschen Theater Berlin und wurde nach erfolgreichem Auftritt ans Berliner Ensemble verpflichtet.

301 Mit Paul Dessau, Buckow 1954
302 Helene Weigel mit dem Hund Rolf, 1955

Der erste Blick aus dem Fenster
        am Morgen
Das wiedergefundene alte
        Buch
Begeisterte Gesichter
Schnee, der Wechsel der
        Jahreszeiten
Die Zeitung
Der Hund
Die Dialektik
Duschen, Schwimmen
Alte Musik
Bequeme Schuhe
Begreifen
Neue Musik
Schreiben, Pflanzen
Reisen
Singen
Freundlich sein.
(Vergnügungen, etwa 1954)

303 Buckow, Steg am Schermützelsee

Buckow in der Märkischen
Schweiz ist friedlich und lang-
weilig genug für die Arbeit.
(Brief an Reich, 26. Juni 1956)

304 Helene Weigel mit Ernst
Busch, Buckow 1954

In Erwägung, daß ich nur ein
paar Wochen im Jahr für mich
arbeiten kann
In Erwägung, daß ich, arbei-
tend, auf meine Gesundheit
achten muß
In Erwägung, daß bei dem
Schreiben von Stücken und
dem Lesen von Kriminalroma-
nen jede menschliche Stimme
im Haus oder vor dem Haus
eine willkommene Ausrede für
eine Unterbrechung bildet
habe ich beschlossen, mir eine
Sphäre der Isolierung zu schaffen und benutze dazu das
Stockwerk mit meinem Arbeitszimmer und den kleinen Platz
vor dem Haus, begrenzt durch
Gewächshaus und Laube.
Ich bitte, diese Regelung nicht
als allzu bindend aufzufassen.
Prinzipien halten sich am Leben
durch ihre Verletzung.
(Zettel an Brechts Arbeitszimmer in
Buckow)

305 Auf der Probe zu »Leben des Galilei«, 1956
306 Mit Ernst Busch und Ekkehard Schall, 1956
307 Mit Erich Engel und Schülern auf der Probe, 1956

**Die »Galilei«-Proben müssen also jetzt doch ausgesetzt werden,
da meine Gesundung sich verzögert; ich werde dieses Frühjahr
noch nicht wieder anfangen können, und Engel will nicht allein
fertigmachen. Ich muß trotz aller Besorgnisse zugeben, daß ich
sehr bedauert hätte, nicht bei der Endgestaltung Ihres Galilei
hätte teilnehmen können. Besonders nach der letzten Probe der
letzten Szene sah ich, wie ich glaube, deutlich, wie sich eine
herrliche Gestalt bildete!**
(Brief an Busch, 30. April 1956)

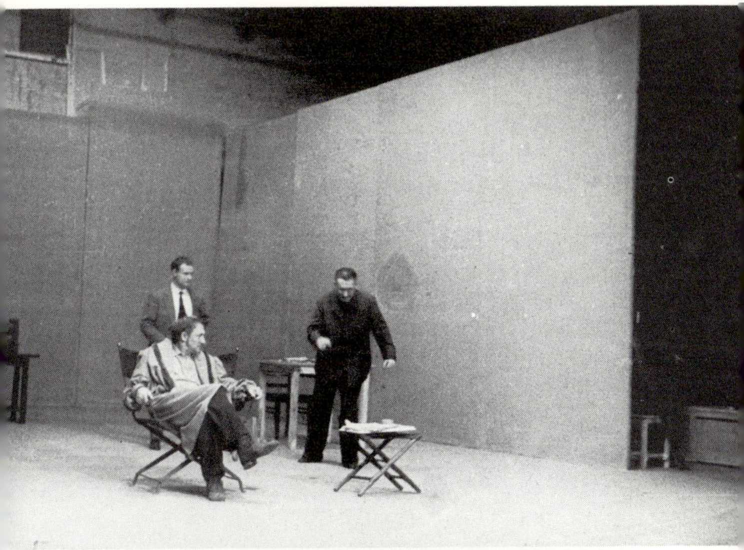

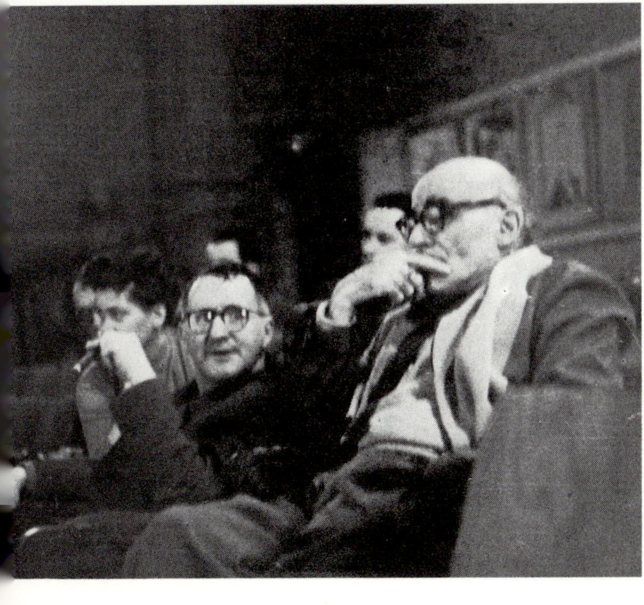

ich benötige keinen grabstein wenn
ihr keinen benötigt
sonst wünschte ich es stehe darauf:
ich habe recht gehabt, dennoch
habe ich gesiegt. zwei
unzertreunliche sätze.

ich benötige keinen grabstein aber
wenn ihr einen für mioj benötigt
wünschte ich es stünde darauf: er
hat recht gehabt.. wir
haben es bemerkt.

er hat vorschläge gemacht, wir
haben sie angenommen.
durch eine solche inschrift wären
wir alle geehrt.

was soll uns wenn
solange du in deinem kopf denkst   denke
in unserem.

308 Ich benötige keinen Grabstein, Typoskript, etwa 1933
309 Brecht, 1955

Sterbeurkunde

(Standesamt Mitte - - - von Groß-Berlin Nr. 1629/1956)

Der Schriftsteller Nationalpreisträger Eugen Berthold Friedrich - -

B r e c h t - - -

wohnhaft in Berlin, Chausseestraße 125 - - -

ist am 14. August 1956 - - - um -23- Uhr -45- Minuten

in Berlin in seiner Wohnung - - - verstorben.

Der Verstorbene war geboren am 10. Februar 1898 - - -

in Augsburg - - -

(Standesamt Augsburg - - - Nr. 325/1898)

Der Verstorbene war — nicht — verheiratet mit Nationalpreisträger Helene - -
Brecht geborenen Weigel. - - -

Berlin - - - , den 16. August 195 6

Der Beauftragte für Personenstandswesen
In Vertretung

310 Sterbeurkunde, 1956
311 Totenmaske Brechts von Fritz Cremer, 1956

Brecht begab sich im Mai 1956 in die Charité, um sich von den
Folgen einer Virusgrippe heilen zu lassen. Da sich sein Zustand
nicht entscheidend besserte, wollte er sich auf Drängen von
Helene Weigel und auf Bitten von Peter Suhrkamp mit ihm zusammen in der Münchener Klinik von Dr. Schmitt auskurieren
lassen. Er gab Prof. Dr. Brugsch von der Charité seinen Ent-
schluß bekannt. Tage zuvor hatte er wegen eines Schwächean-
falls eine Neubesetzungsprobe für das Londoner Gastspiel des
Berliner Ensembles abbrechen müssen. Kurz vor seiner Abreise
nach München stellten die Ärzte einen Herzinfarkt fest, an dessen Folgen Brecht am 14. August 1956 in der Chausseestraße
125 verstarb.

Epilog

An die Nachgeborenen

I

Wirklich, ich lebe in finsteren Zeiten!
Das arglose Wort ist töricht. Eine glatte Stirn
Deutet auf Unempfindlichkeit hin. Der Lachende
Hat die furchtbare Nachricht
Nur noch nicht empfangen.
Was sind das für Zeiten, wo
Ein Gespräch über Bäume fast ein Verbrechen ist
Weil es ein Schweigen über so viele Untaten einschließt!
Der dort ruhig über die Straße geht
Ist wohl nicht mehr erreichbar für seine Freunde
Die in Not sind?

Es ist wahr: ich verdiene noch meinen Unterhalt
Aber glaubt mir: das ist nur ein Zufall. Nichts
Von dem, was ich tue, berechtigt mich dazu, mich satt-
       zuessen.
Zufällig bin ich verschont. (Wenn mein Glück aussetzt, bin
       ich verloren.)

Man sagt mir: Iß und trink du! Sei froh, daß du hast!
Aber wie kann ich essen und trinken, wenn
Ich dem Hungernden entreiße, was ich esse, und
Mein Glas Wasser einem Verdurstenden fehlt?
Und doch esse und trinke ich.

Ich wäre gerne auch weise.
In den alten Büchern steht, was weise ist:
Sich aus dem Streit der Welt halten und die kurze Zeit
Ohne Furcht verbringen
Auch ohne Gewalt auskommen

Böses mit Gutem vergelten
Seine Wünsche nicht erfüllen, sondern vergessen
Gilt für weise.
Alles das kann ich nicht:
Wirklich, ich lebe in finsteren Zeiten!

II
In die Städte kam ich zur Zeit der Unordnung
Als da Hunger herrschte.
Unter die Menschen kam ich zu der Zeit des Aufruhrs
Und ich empörte mich mit ihnen.
So verging meine Zeit
Die auf Erden mir gegeben war.

Mein Essen aß ich zwischen den Schlachten
Schlafen legte ich mich unter die Mörder
Der Liebe pflegte ich achtlos
Und die Natur sah ich ohne Geduld.
So verging meine Zeit
Die auf Erden mir gegeben war.

Die Straßen führten in den Sumpf zu meiner Zeit.
Die Sprache verriet mich dem Schlächter.
Ich vermochte nur wenig. Aber die Herrschenden
Saßen ohne mich sicherer, das hoffte ich.
So verging meine Zeit
Die auf Erden mir gegeben war.

Die Kräfte waren gering. Das Ziel
Lag in großer Ferne
Es war deutlich sichtbar, wenn auch für mich
Kaum zu erreichen.
So verging meine Zeit
Die auf Erden mir gegeben war.

III

Ihr, die ihr auftauchen werdet aus der Flut
In der wir untergegangen sind
Gedenkt
Wenn ihr von unseren Schwächen sprecht
Auch der finsteren Zeit
Der ihr entronnen seid.

Gingen wir doch, öfter als die Schuhe die Länder
        wechselnd
Durch die Kriege der Klassen, verzweifelt
Wenn da nur Unrecht war und keine Empörung.

Dabei wissen wir doch:
Auch der Haß gegen die Niedrigkeit
Verzerrt die Züge.
Auch der Zorn über das Unrecht
Macht die Stimme heiser. Ach, wir
Die wir den Boden bereiten wollten für Freundlichkeit
Konnten selber nicht freundlich sein.

Ihr aber, wenn es so weit sein wird
Daß der Mensch dem Menschen ein Helfer ist
Gedenkt unsrer
Mit Nachsicht.

(1938)

Zeittafel

1898
Eugen Berthold Friedrich wird
am 10. Februar in Augsburg geboren. Sein Vater ist kaufmännischer Angestellter, später Pro-
kurist und schließlich kaufmännischer Direktor der Haindlschen Papierfabrik. Brecht besucht die Volksschule, ab 1908
das Realgymnasium, Literarische Versuche in der Schüler-
zeitschrift »Die Ernte«.

1914
Erste Publikation von Texten in Tageszeitungen.

1916
Kritik am Heldentod in einem
Aufsatz führt zu harten
Schulstrafen.

1917
Notabitur. Immatrikulation an
der Philosophischen Fakultät
der Universität München. Bekanntschaft mit Paula Banholzer. Zahlreiche »Lieder zur
Klampfe«.

1918
Intensives Studium – Brecht
belegt auch Literatur-
seminare. Durch Gesuch des
Vaters vom Militärdienst zu-
rückgestellt. Erste Fassung von
»Baal« entsteht. Am 1. Oktober
wird Brecht als Lazarettsoldat
eingezogen. Im November
Mitglied des Augsburger Arbei-
ter- und Soldatenrates. »Legen-
de vom toten Soldaten«.

1919
Arbeit an dem Stück »Sparta-
kus«, der ersten Fassung von
»Trommeln in der Nacht«. Am
30. Juli Geburt von Brechts und
Paula Banholzers Sohn Frank.

1920
Brecht publiziert Theaterkritiken
in der Zeitung »Volkswillen«.
Auseinandersetzung mit dem
Personal des Theaters. Erste
Reise nach Berlin. »Baal« liegt
im Satz vor, wird aber vom
Verlag nicht gedruckt, weil Zen-
surverbot befürchtet wird.

1921
Arbeit an »Garga«, der ersten
Fassung von »Dickicht«. Unter
Valentins Einfluß entstehen Einakter. Arbeit an Film-Drehbü-
chern. Erneute Reise nach Berlin. Verhandlungen mit Verlagen und Theatern.

1922
Brecht jetzt meist in Berlin. Ein-
lieferung in die »Charité« wegen Unterernährung. Am 29.
September »Trommeln in der
Nacht« in München. Arbeit an
»Dickicht«, Buchausgabe von
»Baal« erscheint. Engagement
von Helene Weigel nach Berlin.
Am 3. November Heirat mit
der Opernsängerin Marianne
Zoff. Aufführung von »Trommeln in der Nacht« auch in Berlin. Bei der Premiere Bekanntschaft Brechts mit Helene Weigel. Verleihung des Kleist-Preises an Brecht durch H. Jhering.

1923

Mit Feuchtwanger Arbeit an Marlowes »Leben Eduards des Zweiten von England«. Am 12. März Geburt der Tochter Hanne. Uraufführung von »Dickicht« in München. Brecht widmet die Buchausgabe von »Trommeln in der Nacht« Paula Banholzer. Uraufführung von »Baal« in Leipzig.

1924

Inszenierung der Bearbeitung von »Leben Eduards des Zweiten von England« an den Münchner Kammerspielen, Brechts Schulfreund Caspar Neher entwirft das Bühnenbild. Endgültige Übersiedlung nach Berlin. Arbeit am »Galgei«, der ersten Fassung von »Mann ist Mann«. Am 3. November Geburt des Sohnes von Brecht und Helene Weigel, Stefan. Aufführung von »Dickicht« und »Leben Eduards des Zweiten von England« in Berlin.

1925

Fortführung der Arbeit an »Mann ist Mann«, Fertigstellung der Urfassung. Helene Weigel spielt neben vielen anderen Rollen mit großem Erfolg die Klara in »Maria Magdalena«.

1926

Umarbeitung von »Baal« für die Berliner Aufführung, bei der Brecht mit Oskar Homolka Regie führt. Uraufführung von »Mann ist Mann« in Darmstadt.

Durch Schwierigkeiten der Materialanalyse für ein neues Stück wird Brecht zum Studium des Marxismus angeregt. Herausgabe der »Taschenpostille« in kleiner Auflage.

1927

Im Propyläen-Verlag erscheinen »Bert Brechts Hauspostille«, später »Im Dickicht der Städte« und »Mann ist Mann«. Brecht fällt als Preisrichter eines Lyrikwettbewerbs ein vernichtendes Urteil über die jungen Gedichteschreiber. Uraufführung des Songspiels »Mahagonny«, Arbeit an »Fatzer«. Mitarbeit am Theater Piscators. Scheidung von Marianne Brecht.

1928

Aufführung von »Mann ist Mann« in Berlin mit Helene Weigel als Begbick. Bearbeitung der »Beggar's Opera« von John Gay, die seine Mitarbeiterin Elisabeth Hauptmann aus dem Englischen übersetzt hat. Völlige Umgestaltung des Stücks, das unter dem Titel »Dreigroschenoper« am Theater am Schiffbauerdamm Berlin mit großem Erfolg uraufgeführt wird.

1929

Uraufführung der Lehrstücke »Der Flug der Lindberghs« und des »Badener Lehrstücks vom Einverständnis« im Rahmen der Baden-Badener Musikfestspiele. Arbeit am »Brotladen« und

»Fatzer«. Am 10. April Heirat mit Helene Weigel.

1930

Uraufführung der Oper »Aufstieg und Fall der Stadt Mahagonny« in Leipzig endet als Theaterskandal. Arbeit an »Die Heilige Johanna der Schlachthöfe« und »Die Ausnahme und die Regel«. Prozeß gegen die Filmgesellschaft Nero wegen Nichtbeachtens der Vorschläge des Autors bei der Verfilmung der »Dreigroschenoper«. Aufführung der Lehrstücke »Der Jasager« und »Der Neinsager« mit Schülern. Am 28. Oktober Geburt von Brechts und Helene Weigels Tochter Barbara.

1931

Inszenierung von »Mann ist Mann« am Staatstheater. Uraufführung des Films »Die Dreigroschenoper«. Arbeit am Film »Kuhle Wampe oder Wem gehört die Welt?« Brecht schreibt das Stück »Die Mutter« nach dem Roman von Maxim Gorki. Fertigstellung des Stücks »Die Heilige Johanna der Schlachthöfe«.

1932

Uraufführung der »Mutter« mit Helene Weigel in der Titelrolle. Kontrolle der Aufführung durch die Polizei. Nach mehrfachem Verbot des Films »Kuhle Wampe« durch die Zensur wird er nach großem öffentlichen Protest gekürzt freigegeben. Kauf eines Landhauses in Utting.

1933

Am 28. Februar, einen Tag nach dem Reichstagsbrand, verläßt Brecht mit seiner Frau und dem Sohn Stefan Deutschland und begibt sich über Prag nach Wien. Er reist allein in die Schweiz und sucht ein Unterkommen. Helene Weigel kommt mit den Kindern nach. Durch die Konfiszierung alles Eigentums einschließlich der Tantiemen an in Deutschland verlegten Werken durch die Nationalsozialisten reisen Brecht und seine Familie nach Dänemark und kaufen preisgünstig ein Fischerhaus in Skovsbostrand auf der Insel Fünen. Auf einer Rezitationstournee erkrankt Helene Weigel in Moskau und muß längeren Erholungsurlaub nehmen.

1934

Brecht schreibt den »Dreigroschenroman«, der in Amsterdam erscheint. Unter Mitarbeit von Margarete Steffin, die Brecht ins Exil gefolgt ist, entsteht das Lehrstück »Die Horatier und die Kuriatier«. Bekanntschaft mit Ruth Berlau. In Paris wird die Sammlung »Lieder Gedichte und Chöre« publiziert. Reise nach London.

1935

Brecht reist nach Moskau, trifft sich mit Freunden, hält Vortragsabende, schreibt Gedichte über seine Eindrücke. Im Juni nimmt er am Ersten Internationalen Schriftstellerkongreß in Paris teil. Reise nach New York zur Teilnahme an den Proben zur »Mutter« in der Theatre Union.

1936

In Moskau erscheint die deutschsprachige Zeitschrift »Das Wort«, herausgegeben von Brecht, Bredel und Feuchtwanger. Brecht schreibt an der Szenenfolge »Furcht und Elend des Dritten Reiches«. Uraufführung der »Rundköpfe und Spitzköpfe« in Kopenhagen. In London Filmarbeit mit Fritz Kortner. Teilnahme am Internationalen Schriftstellerkongreß in London.

1937

Der Einakter »Die Gewehre der Frau Carrar« entsteht und wird am 16. Oktober in Paris mit Helene Weigel als Carrar uraufgeführt. Das Stück wird von Ruth Berlau unter Mitarbeit von Brecht und Helene Weigel mit Arbeiterschauspielern in Kopenhagen inszeniert. Weitere Szenen der Folge »Furcht und Elend des Dritten Reiches« entstehen.

1938

Arbeit an dem Roman »Die Geschäfte des Herrn Julius Cäsar«. Uraufführung mehrerer Szenen aus »Furcht und Elend des Dritten Reiches« unter dem Titel »99%« in Paris. Beginn der Auseinandersetzung über Fragen des Realismus in der Zeitschrift »Das Wort« (Expressionismusdebatte). Es entsteht »Leben des Galilei«.

1939

Mit Margarete Steffin Übersetzung der »Erinnerungen« von Martin Andersen Nexö. Brecht schreibt mehrere Novellen. Durch Galileis Dialoge angeregt, arbeitet er an einem Dialog über Theater (»Der Messingkauf«). Im Mai wegen der Kriegsgefahr Übersiedlung nach Schweden. Er erhält von der Bildhauerin Ninnan Santesson ein Landhaus in Lidingö zur Verfügung gestellt. Arbeit an dem Stück »Der gute Mensch von Sezuan«. Es entstehen »Mutter Courage und ihre Kinder« sowie das Hörspiel »Das Verhör des Lukullus«. Keine skandinavische Bühne bringt den Mut auf, die »Courage« zu spielen.

1940

Nach Einmarsch der Hitlertruppen in Dänemark und Norwegen sind Brecht und seine Familie in Schweden gefährdet. Flucht unter Zurücklassung des Mobiliars nach Finnland. Auf Einladung der Schriftstellerin Wuolijoki Gast in Kausala auf ihrem Gut Marlebäck. Brecht schreibt mit ihr »Herr Puntila und sein Knecht Matti« sowie die »Flüchtlingsgespräche«. Umzug nach Helsinki.

1941

Vorbereitung einer Übersiedlung in die USA. Für Amerika schreibt Brecht »Der aufhaltsame Aufstieg des Arturo Ui«. Am 19. April Uraufführung von »Mutter Courage und ihre Kinder« in Zürich. Auf der Reise in die USA stirbt Brechts schwerkranke Mitarbeiterin Margarete Steffin. Brecht und seine Familie wohnen in Hollywood, siedeln sich aber dann in Santa Monica an. Arbeit an verschiedenen Filmstoffen.

1942

Mit Fritz Lang und John Wexley Arbeit am Film »Hangmen Also Die«. Mit Feuchtwanger Beginn einer Zusammenarbeit an einem Jeanne-d'Arc-Stoff (daraus entsteht das Stück »Die Gesichte der Simone Machard«). Brecht schreibt an weiteren Filmstoffen. Umzug in ein geräumiges Haus in Santa Monica.

1943

Bei einer Reise nach New York trifft Brecht mit vielen emigrierten deutschen Schriftstellern, Künstlern und Politikern zusammen. Er schreibt »Schweyk im Zweiten Weltkrieg«. Anschluß an den »Council for a Democratic Germany«. Am 9. September Uraufführung von »Leben des Galilei« in Zürich. Brechts und Paula Banholzers Sohn, Frank Banholzer, fällt als deutscher Soldat an der Ostfront. Arbeit an »The Duchess of Malfi«.

1944

Arbeit am Stück »Der kaukasische Kreidekreis«. Beginn einer Übersetzung und Bühnenfassung von »Leben des Galilei« mit dem Schauspieler Charles Laughton. Seine Mitarbeiterin Ruth Berlau, die sich in New York angesiedelt hat, beginnt auf Brechts Anregung mit dem Aufbau eines Filmarchivs der literarischen Arbeiten.

1945

Änderungen der Konzeption für »Leben des Galilei« nach Abwurf der Atombomben. Verfassung des »Kommunistischen Manifests«.

1946

Brecht bereitet seine Rückkehr aus dem Exil vor. Er regelt Buchausgaben seiner Werke.

1947

Aufführung des »Galileo Galilei« in Beverly Hills mit Charles Laughton. Vorladung vor den Ausschuß für unamerikanische Betätigungen in Washington. Sofort danach Abreise aus den USA. Zwischenaufenthalt in der Schweiz.

1948

Aufführung der »Antigone des Sophokles« mit Helene Weigel in Chur. Inszenierung von »Herr Puntila und sein Knecht Matti« in Zürich. Das »Kleine Orga-

non« für das Theater entsteht.
Brecht und Helene Weigel reisen nach Berlin und bereiten am Deutschen Theater die Aufführung von »Mutter Courage und ihre Kinder« vor.

1949

Am 11. Januar Premiere von »Mutter Courage und ihre Kinder« mit Helene Weigel als Courage. Brecht reist erneut in die Schweiz, regelt Versand des Umzugsgutes. Er schreibt das Stück »Die Tage der Commune« und engagiert Schauspieler für ein eigenes Ensemble, mit dessen Gründung Helene Weigel beauftragt worden ist. Rückkehr nach Berlin mit der Tochter Barbara. Helene Weigel erhält für die Courage den Nationalpreis. Am 12. November stellt sich das Berliner Ensemble mit »Herr Puntila und sein Knecht Matti« erstmals der Öffentlichkeit vor. Brecht leitet als Erster Spielleiter des Theaters die künstlerische Arbeit. Brecht und Helene Weigel wohnen in einer Villa in Berlin-Weißensee.

1950

Brecht nimmt an der Gründungsveranstaltung der Deutschen Akademie der Künste teil. Er wird zum Akademiemitglied berufen. Die »Neuen Kinderlieder« entstehen.

1951

Brecht inszeniert am Berliner Ensemble »Die Mutter«. Für die Weltfestspiele der Jugend schreibt Brecht mit Paul Dessau die Kantate »Herrnburger Bericht«. Er verfaßt einen Offenen Brief an die deutschen Künstler und Schriftsteller. Am 7. Oktober wird Brecht mit dem Nationalpreis 1. Klasse ausgezeichnet. Nach Absetzung, Diskussion und Überarbeitung wird die Oper »Die Verurteilung des Lukullus« von Brecht und Paul Dessau am 12. Oktober in der Deutschen Staatsoper uraufgeführt. Übersetzung und Bearbeitung des »Coriolan« von Shakespeare.

1952

Mit dem Berliner Ensemble auf einem Gastspiel in Warschau. Am Schermützelsee in Buckow mieten Brecht und Helene Weigel ein Landgrundstück. Mit Erwin Strittmatter bereitet er eine Bühnenfassung der Komödie »Katzgraben« vor. Premiere von »Die Gewehre der Frau Carrar« mit Helene Weigel.

1953

Brecht setzt sich für die Befreiung von Ethel und Julius Rosenberg ein. Von Februar bis Mai inszeniert Brecht Strittmatters »Katzgraben« am Berliner Ensemble (Premiere am 23. Mai). Brecht wird von der 5. Generalversammlung des PEN-Zentrums Ost und West im Mai zum Präsidenten gewählt.

Aktives Verhalten bei den Ereignissen am 17. Juni. Den Sommer verbringt Brecht in Buckow, er schreibt an dem Stück »Turandot oder Der Kongreß der Weißwäscher«. Die »Buckower Elegien« entstehen. Brecht und Helene Weigel ziehen in das Hinterhaus des Grundstücks Chausseestraße 125 um.

1954

Johannes R. Becher beruft Brecht in den Künstlerischen Beirat des Ministeriums für Kultur. Das Berliner Ensemble zieht in das Theater am Schiffbauerdamm. Das neue Haus wird am 19. März mit »Don Juan« von Molière eröffnet (Regie: Benno Besson). Brecht wird zum Vizepräsidenten der Deutschen Akademie der Künste berufen. Am 7. Oktober Aufführung des »Kaukasischen Kreidekreises« in der Regie von Brecht. Anfang Dezember diskutieren Becher und Brecht in Westberlin mit westdeutschen und amerikanischen Publizisten. Verleihung des Stalin-Preises »Für Frieden und Verständigung zwischen den Völkern« am 18. Dezember.

1955

Am 12. Januar Premiere von Johannes R. Bechers »Winterschlacht« in der Inszenierung von Brecht und Manfred Wekwerth. Brecht spricht auf der Tagung des Friedensrates in Dresden und übergibt dem Deutschen Friedensrat 176 203 Unterschriften zur Erklärung gegen die Pariser Verträge. Entwürfe für ein Stück »Leben des Einstein«. Bei wiederholtem Gastspiel des Berliner Ensembles in Paris werden die Aufführung »Der kaukasische Kreidekreis« und Brecht triumphal gefeiert. Brecht beginnt mit Proben zu »Leben des Galilei« am Berliner Ensemble.

1956

Teilnahme am IV. Deutschen Schriftstellerkongreß. Am 10. August beteiligt sich Brecht zum letztenmal an den Proben des Berliner Ensembles. Bertolt Brecht stirbt am 14. August kurz vor Mitternacht an den Folgen eines Herzinfarkts. Am 17. August findet die Beisetzung auf dem Dorotheenstädtischen Friedhof statt.

Lion Feuchtwanger: Bertolt Brecht

1

Dieser überreiche Dichter streute in alles, was er schuf,
Keime von Gedanken und Spürungen, dazu bestimmt,
ihr ganzes Leben erst später zu entfalten. Er war überzeugt, daß jedes lebendige Werk aus eigener Kraft
wächst und weiterarbeitet, daß es sich ändert mit jedem
Hörer und Leser, den es erreicht. Seine Dichtungen sind
aufgebaut auf dieser Voraussetzung, so daß erst die Zukunft die ganze Breite und Fülle seines Werkes schaubar
machen wird.

Brecht selber hielt alles, was er geschaffen hatte, für ein
Vorläufiges, im Entstehen Begriffenes. Bücher, die er
längst hatte drucken lassen, Stücke, die er unzählige Male aufgeführt hatte, waren ihm noch keineswegs fertig,
und gerade jene Werke, die ihm die liebsten waren, »Die
heilige Johanna der Schlachthöfe«, »Der gute Mensch
von Sezuan«, »Der kaukasische Kreidekreis«, betrachtete
er als Fragmente. Ihm lag wie so manchem großen Deutschen die Vollendung des Werkes weniger am Herzen
als die Arbeit am Werk.

Er hörte denn auch begierig auf Vorschläge und Einwän-
de und ging, wann immer Zweifel und Ratschlag ihm ein-
leuchteten, sogleich daran, das Geschaffene zum tau-
sendundersten Male zu überarbeiten, selbst wenn das
bedeutete, daß er's von den Fundamenten her neu
bauen mußte.

Durch diese Arbeitsweise hat es Brecht erreicht, daß seine Dichtungen so durch und durch dynamisch wirken. Sie
zwingen den Empfänger, selber weiterzuarbeiten, sie rei-
zen ihn, mit Brecht zu streiten, ihn anzuzweifeln, ihm zu-
zustimmen.

Brecht, obwohl er seine Stücke »Lehrstücke« nannte, fühlte sich keineswegs als Praeceptor Germaniae. Er war sich
bewußt, nichts zu wissen, und bereit und bestrebt, von
andern zu lernen. Er wollte anregen, er wollte sich mit

den andern auseinandersetzen und ihnen denken helfen. Diese sokratische Eigenschaft durchtränkt Brechts gesamtes Werk. Es läßt den Leser nicht los, es beschäftigt ihn und zieht ihn immer von neuem an.

2

Gleich Shakespeare und Molière war Brecht ein geborener Theatermann. Es drängte ihn, mit lebendigem Material zu arbeiten. Der Dichter in ihm ergänzte den Spielleiter, der Spielleiter den Dichter.

Er war auf Theaterproben streitbar, herrisch, ungebärdig. Er ruhte nicht, bevor seine Spieler alles hergaben, was sie vermochten, er trieb sie in ein Gefühl der Hilflosigkeit und Erschöpfung. Er selber war ein leidenschaftlicher Arbeiter. Jede Probe weckte ihm neue Einfälle, und er entließ keine Anregung, bevor er sie ausprobiert hatte. Er erkannte Eigenschaften seiner Spieler, von denen sie selber nicht gewußt hatten, und vermochte es, ihre wahre Begabung aus ihnen herauszuholen. Viele Schauspieler, und gerade solche, die diesen Namen verdienen, verhehlen nicht, daß sie ihr Wesentliches Brecht zu verdanken haben.

Auch nachdem das Stück gespielt war, hörte Brecht nicht auf mit den Proben. Er befragte die Zuschauer nach ihren Eindrücken, und ihre Reaktion entzündete ihm neue Einfälle für Dichtung und Darstellung. Brecht machte jeden Hörer, mit dem er sprach, zu seinem Mitarbeiter.

Er war voll Mißtrauen gegen das Dagewesene, Erprobte, Bewährte. Er war überzeugt von der Dialektik aller Kunst und sprang seine Probleme von immer neuen Seiten her an. Eines seiner Prinzipien war: »Versuchen wir's einmal mit dem Gegenteil.« So wie Goethe einen fetten Hamlet verlangte, wiewohl und gerade weil ein solcher Hamlet gegen das Herkommen verstieß, so wählte Brecht gern für seine Menschen Darsteller, deren Kunst und Gehabe dem Wesen dieser Menschen entgegengesetzt schien. Auch kam es vor, daß er nach wochenlangen Proben, unzufrieden mit dem Erreichten, von sich und den Darstellern verlangte, daß man die Arbeit von vorn und von einem ganz verschiedenen Gesichtswinkel her beginne. Mehrmals erzielte er Erfolge gerade durch dieses Verfahren.

3

Er hielt viel von kollektiver Arbeit; er fand, man müsse »in breiter Front vorstoßen«. Wo immer er war, sammelte sich um ihn eine Schar von Anhängern, die bedingungslos an ihn glaubten. Seine Frau und Gefährtin Helli Weigel war ihm eine fanatische Helferin. Nicht nur verleiblichte sie selber alles, was er sich unter Schauspielkunst vorstellte, sie hatte seinen Geist in sich aufgenommen und erzog andere nach ihrem Bilde. So konnten die beiden jenes Theater-Ensemble schaffen, jenes Kollektiv, das er brauchte. Mit Hilfe dieser Gruppe konnte er planen, organisieren, experimentieren nach Lust. Er konnte sich ihrer bedienen, wie man auf einem Instrumente spielt. Er konnte ein Bild seiner Welt nach außen projizieren, treu bis in die letzte Verästelung.

Brecht fraß viel Leben, er war herrisch und stolz und forderte von seinen Freunden geduldige Mitarbeit. Aber er war ohne jede Hoffart und Prahlerei und gab selber neidlos, großmütig, in Fülle. Er gab mehr, als er verlangte. Das Wort Solidarität hat durch ihn neuen Sinn bekommen.

4

Brecht glaubte nicht an »Stimmung«, er glaubte an das Experiment. Das Experimentieren war seine Leidenschaft. Als Brecht, ein Zwanzigjähriger, zu mir kam, arbeitete ich an einem »Dramatischen Roman«. Diese Bezeichnung »Dramatischer Roman« gab Brecht Stoff zum Nachdenken. Er fand, man müsse in der Verschmelzung des Dramatischen und des Epischen viel weiter gehen als ich, er machte immer neue Versuche, das »Epische Drama« zu schaffen.

Nicht aus falscher Bescheidenheit nannte er seine Dramen »Versuche«. Diese Stücke waren in der Tat »Versuche«, seine innere Welt auf immer andere, immer neue Art dem Zuschauer sichtbar zu machen. Der Dichter, fand er, müsse experimentieren, wie es ein Archimedes, ein Bacon, ein Galilei getan hatten. Alle Dramen der Früheren, auch die des Aischylos und des Shakespeare, waren ihm solche »Versuche«. Er rühmte es an Shakespeare, daß dieser die Stoffe anderer und manchmal wohl auch ihre Formung bedenkenlos übernommen hatte, um sie neu zu wenden. Brecht selber griff alle Stoffe und Formungen auf, die ihn reizten, werkelte daran, modelte sie um, machte sie sich zu eigen, verwandelte sie dergestalt, daß sie ihm ganz gehörten. Die Masken des chinesischen Theaters, der Blumenweg des indischen Dramas, der Chor der antiken Tragödie, alles mußte ihm helfen, die eigene Vision zu gestalten.

Experimente reizten ihn, auch wenn sie wenig oder keinen Erfolg versprachen. Einmal wies ich ihn hin auf das Lehrgedicht des Lukrez: »De Rerum Natura«. Die Hexameter, in welchen der Römer die Lehre des Epikur darbot, brachten Brecht auf die Idee, das Kommunistische Manifest in Hexameter umzudichten. Ich machte ihn auf das Schwierige, ja Aussichtslose dieses Unternehmens aufmerksam. Aber er war besessen von der Idee, er ließ nicht locker, wir mußten den Versuch machen. Sechs Wochen arbeiteten wir daran, bevor er's aufgab.

5

Den glücklichsten Erfolg hatten seine kühnen Versuche, sich die Sprache zu schaffen, die er brauchte. Seine Sprache sollte volkstümlich sein, doch niemals gemein und abgebraucht, neu, doch niemals gesucht. Luther hatte »dem Volk aufs Maul schauen« und das meiste seiner Rede verwenden können. Die deutsche Umgangssprache, wie Brecht sie vorfand, gab wenig dem, der ein Gedicht machen, noch weniger dem, der dichterische Prosa schreiben wollte, und gänzlich unbrauchbar war sie dem Dramatiker.

Auch die Schriftsteller der Zeit konnten Brecht wenig geben. Mit dem naturalistischen Dialog Gerhart Hauptmanns wußte er nicht viel anzufangen, und gänzlich fremd blieb ihm die abgelegene, volksferne Sprache der George, Rilke, Hofmannsthal. Als er mir sein erstes Stück brachte – es hieß »Spartakus«, später nannten wir's »Trommeln in der Nacht« – , stand sein Dialog unter dem Einfluß Büchners. Unter den Zeitgenossen beeindruckten ihn in jenen Jahren am stärksten Kipling und Wedekind; seine frühen Balladen pflegte er auf die Art Wedekinds gell und mit Lust zu singen. Doch machte er sich schnell von diesen Vorbildern los und kämpfte heftig um sein eigenes Deutsch.

Der Widerstände, die ihm das vorhandene Sprachmaterial bot, war er sich deutlich bewußt. Er klagte oft: »Wenn Horaz den gewöhnlichsten Gedanken und das trivialste Gefühl ausdrückt, schaut es herrlich her. Das kommt, weil er in Marmor arbeitete. Wir heute arbeiten in Dreck.« Brecht gebrauchte ein derberes Wort.

Er mühte sich heiß, den rechten Tonfall zu finden für den genauen Ausdruck seines Wesens, seines Denkens und Spürens. Er ließ sich mit seinen Mitarbeitern in wilde Streitereien ein um einzelne Wendungen. Nicht im geringsten kümmerte er sich um Regel und Vorbild. Machte man ihn darauf aufmerksam, daß diese oder jene Wendung doch nun gar zu heftig gegen die Grammatik verstoße, dann wandelte er gern einen berühmten Satz ab: »Ego, poeta Germanus, supra grammaticos sto.«

Brecht schuf vor allem aus der Gebärde heraus. Er stellte sich zuerst die Gesten seiner Menschen in ihrer jeweiligen Situation vor und suchte dann das entsprechende Wort. Dieses Wort mußte treffen, es mußte locker, es mußte »elegant« sein, und sein Klang mußte die Menschen und die Situation malen. Brecht ließ sich keine Mühe verdrießen, das rechte Wort, sein Wort zu finden. Einmal, während der Arbeit am »Leben Eduards des Zweiten«, als wir den ganzen Tag vergeblich nach dem rechten Wort gesucht hatten, lief er mitten in der Nacht zu mir, pfiff unter meinem Fenster, rief triumphierend: »Ich hab's!«

Deutschland hat viele große Sprachmeister. Sprachschöpfer hatte es in diesem Zwanzigsten Jahrhundert einen einzigen: Brecht. Brecht hat bewirkt, daß die deutsche Sprache heute Spürungen und Gedanken ausdrücken kann, die sie, als Brecht zu dichten anfing, nicht auszusagen vermochte.

6

Brecht war ein glänzender Debattierer. Dieser brennende Mensch wurde noch lebendiger in der Debatte. Jede Minute brachte ihm neue, kühne, strahlend gescheite Einfälle. Er verstieg sich gern ins Paradoxe, verteidigte seine Thesen, auch wenn sie nicht zu halten waren, mit Witz und Schärfe, wurde heftig, griff an, um schließlich schlau und gutmütig lachend seinen Satz fallen zu lassen. Wie er lachen konnte! Und wie gern er lachte! Sein Witz konnte sehr bitter sein, Brecht verschonte den Freund, auch sich selber nicht, und er seinerseits nahm bissige Ironie nicht übel. Er nahm das Leben heiter, auch wenn es ihm grimmig kam. Ernst war ihm seine Arbeit.

In jenen »Physiognomischen Fragmenten«, an denen Goethe mitarbeitete, definiert Lavater das Wesen des Genies folgendermaßen: »Das Ungelernte, Unentlehnte, Unlernbare, Unentlehnbare, Innig-Eigentümliche, Unnachahmliche ist Genie, heißt so bei allen Nationen und wird so heißen, solange Menschen denken, empfinden und reden.« Brecht hatte es, dies Ungelernte, Unlernbare, Unnachahmliche.

Brecht brauchte einen großen Theater-Apparat, um seine Visionen schaubar zu machen. Die grelle Neuheit und unerbittliche Wahrhaftigkeit seiner Kunst forderte den Widerstand der Ewig-Gestrigen heraus. Es war recht schwer, ihn durchzusetzen. Er hatte mit Swift gemein das Genie und die Saeva Indignatio, das wild empörte Gemüt, und er teilte Swifts Erfahrung: »Erscheint ein genialer Mensch in der Welt, so erkennt man es sogleich daran,

daß sich alle Dummköpfe gegen ihn verbünden.«
Der ungeduldige Dichter Brecht schrieb die ersten Gedichte und ersten Stücke des Dritten Jahrtausends. Wenigstens durfte er's gerade noch erleben, daß die Zeit
ihm langsam nachkam. Aber wenn die Heutigen seine
Bedeutung ahnen: die ganze Fülle seines Werkes werden
erst die Späteren erkennen.

(1957)

Der größte Teil der ausgewählten Fotos stammt aus dem Besitz der Bertolt-Brecht-Erben und der Helene-Weigel-Erben. Diese Abbildungen sind im nachfolgenden Verzeichnis nicht angeführt. Außerdem stellten folgende Archive, Fotografen oder Privatpersonen Fotos zur Verfügung:

ADN/Zentralbild, Berlin 191, 192, 233, 234, 247, 249, 250, 254, 261, 291, 292, 296, 297; Atelier Jacobi, Berlin 82; Bilderdienst des Deutschen Verlags, Berlin 59; Birzele, Augsburg 2; Bergström, Stockholm 144; Berlau/Hoffmann, Berlin 151, 157, 171, 180, 181, 186, 190, 199, 204, 205, 208, 209, 210, 211, 212, 215, 216, 221, 224, 225, 226, 231, 246, 260, 262, 269; Berlau/Völker 122, 218, 220, 230, 238, 239; Bertolt-Brecht-Archiv, Berlin 7, 30, 37, 62, 76, 126, 127; Brecht, Lie, Darmstadt 38, 68, 91, 93; Brecht, Walter, Darmstadt 9, 13, 69, 70, 71, 86, 88; Breitenbach, Paris 131; Columbia Broadcasting System, N.Y. 212; Dephot, Berlin 72; Deutsches Institut für Filmkunde, Wiesbaden 175; Fischer, Potsdam/Babelsberg 97; Fohrer, Königsbrunn 19, 23, 24; Funk-Woche, Berlin 60; Goedhart/Bertolt-Brecht-Erben, Berlin 271, 279, 280; Goedhart/Suhrkamp Verlag, Frankfurt/M. 232, 242, 259, 266, 268, 273, 277, 284, 285, 286, 298, 305, 306, 307, 309; Gorelik, Huntington Beach 129; Groß, Augsburg 184; Haindl, Augsburg 89; Hamann, Berlin 83, 85; Hecht, Berlin 174; Hill, Karlsruhe 235, 254, 270; Hjuler, Kopenhagen 125; Hobby Hollywood 194; Homolka, F. 189; Institut für Theaterwissenschaft, Köln 34; Klinge, Berlin 246; Kraushaar/AdK, Berlin 263, 265, 278, 303; Kühn & Hitz, Baden-Baden 57; Lenya, N.Y. 58; Magnum-Photos, Zürich 281; Matthis 148; Nachlaß E. Hauptmann/AdK, Berlin 289; Paukschta, Berlin 236, 290, 297, 299; Photo Schmidt, Berlin 66; Piccolo Teatro, Mailand 293; Saeger, Berlin 255, 256; Schubert, Hamburg 304; Schulze, Berlin 283, 288; Stadtbibliothek, München 220; Steinfeldt, Berlin 240, 274, 275; Suhrkamp Verlag, Frankfurt/M. 156; Stein, N.Y. 198; Teka-Film-Studio, Leipzig 251; Theatermuseum, München 42, 43, 44; Todd Webb 188; Tombrock 149, 155; Tretjakow, Moskau 103; Ullstein-Bilderdienst, Berlin 64, 65, 99, 101, 257; Viollet, Paris 124; Vogler, Berlin 302; Wuolijoki-Erben/Burkert 159, 160, 161, 163; Fotos aus »Brecht in Augsburg«: 3, 8, 14, 20, 21, 26, 29, 31, 36

Chroniken, Historisches und Biographisches

Hermann Hesse. Leben und Werk im Bild
Von Volker Michels. Mit dem »Kurzgefaßten Lebenslauf« von Hermann Hesse. it 36

Carl Hofer. Leben und Werk in Daten und Bildern
Herausgegeben von Elisabeth Furler. it 363

Hölderlin
Chronik seines Lebens mit ausgewählten Bildnissen
Herausgegeben von Adolf Beck. it 83

Hölderlin. Dokumente seines Lebens
Briefe, Tagebuchblätter, Aufzeichnungen. Herausgegeben von Hermann Hesse und Karl Isenberg. it 221

Ödön von Horváth. Leben und Werk in Daten und Bildern
Herausgegeben von Traugott Krischke und Hans F. Prokop. it 237

Erhart Kästner. Leben und Werk in Daten und Bildern
Herausgegeben von Anita Kästner und Reingart Kästner. it 386

Heinrich von Kleist. Leben und Werk in Daten und Bildern. it 371

Adolph Freiherr von Knigge. Über den Umgang mit Menschen
Mit Illustrationen. it 273

Gertrud von le Fort. Leben und Werk in Daten, Bildern und Zeugnissen. Von Gisbert Kranz. it 195

Werner Helwig. Capri. Magische Insel
Mit Fotos von Benedikt Blatter und Herbert List. it 390

Max Klinger. Leben und Werk in Daten und Bildern
Herausgegeben von Stella Wega Mathieu. it 204

Carl von Linné. Lappländische Reise
Mit Zeichnungen des Autors. Aus dem Schwedischen von H. C. Artmann. it 102

London. Das Bild einer europäischen Metropole
Herausgegeben von Norbert Kohl. Mit vielen zeitgenössischen Illustrationen. it 322

Insel taschenbücher
Alphabetisches Verzeichnis